现代人力资源管理与开发研究

张良栋 李 伟 王 恒 ◎ 著

经济日报出版社
北 京

图书在版编目（ＣＩＰ）数据

现代人力资源管理与开发研究 / 张良栋，李伟，王
恒著. -- 北京 ：经济日报出版社，2025.4
ISBN 978-7-5196-1464-5

Ⅰ. ①现… Ⅱ. ①张… ②李… ③王… Ⅲ. ①人力资
源管理－研究②人力资源开发－研究 Ⅳ. ①F243
②F240

中国国家版本馆 CIP 数据核字(2024)第 031395 号

现代人力资源管理与开发研究
XIANDAI RENLI ZIYUAN GUANLI YU KAIFA YANJIU

张良栋　李　伟　王　恒　著

出版发行：经济日报出版社

地　　址：北京市西城区白纸坊东街 2 号院 6 号楼
邮　　编：100054
经　　销：全国各地新华书店
印　　刷：廊坊市博林印务有限公司
开　　本：710mm×1000mm　1/16
印　　张：10.25
字　　数：173 千字
版　　次：2025 年 4 月第 1 版
印　　次：2025 年 4 月第 1 次
定　　价：78.00 元

前　言

随着全球化和信息化的浪潮席卷而来，人力资源管理与开发已逐渐演变为企业核心竞争力的重要组成部分。在知识经济时代，人才成为推动社会进步和企业发展的核心动力。如何吸引、培养、激励和留住人才，使之充分发挥潜能，为企业创造价值，成为每个企业不得不面对的重要课题。在此背景下，人力资源管理与开发的重要性愈发凸显。它不仅仅是传统的人事管理，更是涉及企业战略、组织文化、激励机制等多个方面的综合性管理。因此，对现代人力资源管理与开发进行深入研究，不仅有助于企业提升管理效率，更有助于企业实现可持续发展。

本书全面系统地介绍了现代人力资源管理相关知识，从理论到实践，内容涵盖了人力资源管理的定义、发展、理论依据、环境分析，以及人力资源规划、工作分析、员工招聘与培训开发、绩效管理与考核、薪酬设计与福利管理等多个关键领域。同时对现代人力资源管理的信息化发展进行了深入探究，为读者揭示了信息化在人力资源管理中的重要作用和发展趋势。

本书既注重理论知识的系统阐述，又强调实践操作的指导，适合人力资源管理者、学者以及对人力资源管理感兴趣的读者阅读，对于提升人力资源管理水平和实践能力具有重要意义。

笔者在本书写作的过程中，得到了许多专家、学者的帮助和指导，在此表示诚挚的谢意。由于笔者水平有限，加之时间仓促，书中所涉及的内容难免有疏漏之处，希望各位读者多提宝贵的意见，以便笔者进一步修改，使之更加完善。

张良栋　李　伟　王　恒

2024年11月

目　录

第一章　人力资源管理概论

第一节　人力资源管理的相关界定

一、人力资源概述

（一）人力资源的含义

人力资源这一概念最早在康芒斯的著作中提到过，但真正接近我们现在所使用的人力资源概念的，是彼得·德鲁克于1954年在其著作《管理的实践》中首先正式提出并加以明确界定的。德鲁克之所以提出这一概念，是想表达传统人事管理所不能表达的意思。他认为，与其他资源相比，人力资源是一种特殊的资源，它必须通过有效的激励机制才能开发利用，并为企业带来可观的经济价值。

人力资源是资源的一种，是以人为载体的资源，是存在于人体中以体能、知识、技能、能力、个性行为特征倾向等为具体表现的经济资源。目前对于人力资源概念的理解中有两种倾向，一种是倾向于能力或素质，认为人力资源是存在于人体中的生产能力或身心素质；另一种倾向于人口，认为无论对于国家、社会或企业，人力资源是推动其发展的具有体力和智力劳动能力的人口的总称。这两种理解有其共同的一面，即都强调了人力资源与人体的不可分割，还有人力资源的价值在于能力或素质，我们更倾向于第一种理解。

人力资源有质和量两个方面的内容。人力资源的数量可从微观和宏观两个角度来定义。微观的数量由企业现在员工（包括雇用的适龄员工和年老员工，但不包括即将离开的员工）以及潜在员工（欲从企业外部招聘的员工）两部分组成。宏观的数量是指一个国家或地区现实的人力资源数量和潜在的人力资源数量，前者包括适龄就业人口、未成年就业人口、老年就业人口，后者包括失业人口、暂时不能参加社会劳动的人口和其他人口。

人力资源的质量是指人力资源所具有的体力、智力、知识和技能水平，以及劳动者的劳动态度。它受先天遗传、营养、环境教育和训练等因素的影响，通常可以用健康卫生指标、教育和训练状况、劳动者的技能等级指标和劳动态度指标来衡量。人力资源的质量是由劳动者的素质所决定的，劳动者的素质包括体能素质和智能素质。

（二）人力资源的相关概念

与人力资源相关的概念有人才资源、人力资本等，这些词汇经常出现在人力资源管理实践与理论研究中，正确理解并区分这些概念有助于规范人力资源的管理。

1. 人才资源

通俗地说，有一技之长的人都可以叫做人才，其核心含义是：比他人或前人具有更优秀的整体素质和更高的创造能力，能够更好地利用各种可能利用的资源进行创造性劳动，为企业、社会、人类创造更多财富和更高价值的人。人才具有以下七个方面的特征：①在企业中属于少数，一般可用"二八定律"划定；②具有高度创造能力和工作能力；③善于运用能力、高标准地完成组织分配的工作任务；④为组织和人力资源管理者所期望、寻求的人；⑤可以激励他人工作热情、创造力，可以为公司带来大量稳定、长期业务；⑥有突出贡献（为企业创造更多的财富与价值）、组织和管理者不愿意失去的人；⑦对组织目标实现负有最重要责任的人。

从人才资源的概念与特征看，人才资源是人力资源最重要、最核心的一部分，两者是包含与被包含的关系。

2. 人力资本

人力资本这一提法更多出现在经济学的研究领域，而人力资源则更多出现在管理学之中。人力资本理论是20世纪50年代末60年代初美国经济学家舒尔茨和贝克尔等创立的，并凭借这一理论获得了诺贝尔经济学奖。人力资本是指存在于人体之中、后天获得的具有经济价值的知识、技术、能力和健康等质量因素。可以从三个方面来理解这一概念：首先，人力资本是附着在人本身这种载体上的各种综合因素的集合，而不是载体本身，它是靠后天的投入获得的，并可以带来经济价值；其次，人力资本与物质资本具有共性，表现为人力资本的形成和维持需要花费成本，投入生产领域可以带来财富的增长，并且也具有稀缺性；再次，人力资本又具有自己的特点，如人力资本与其载体的不可分离性、人力资本在使用过程中的增值性、人力资本的异质性等。

人力资本和人力资源在价值创造过程中所起的作用是相同的，但也存在三个方面的区别：一是与社会价值的关系不同，人力资本和社会价值是因果关系，而人力资源和社会价值是由果溯因的关系；二是两者研究问题的角度和关注的重点不同，人力资本关注的重点是收益问题，人力资源关注的是产出问题；三是两者的计量形式不同，人力资源是一个存量概念，人力资本是一个兼有存量和流量的概念。

（三）人力资源的特征分析

人力资源作为经济资源的一种，具有与一般经济资源共同的特征，主要为：第一，物质性。一定的人力资源必然表现为一定数量的人口。第二，可用性。通过人力资源的使用可以带来价值的增值。第三，有限性。人力资源在一定的条件下形成，其载体具有生物的有限性。

但人力资源作为一种特殊的经济资源，有着不同于其他经济资源的特征，具体如下。

1. 附着性

从人力资源概念可知，人力资源是凝结于人体之中的质量因素的总和，必须依附于一定数量的人口之上，虽然人力资源不等同于人口本身，但却不可脱离人这一载体。这就决定了人力资源所有权的天然私有的特性，使得人力资源管理成为一门独特的管理学科，人力资源的开发与使用必须通过对人的激励与控制才能实现。

2. 能动性

人力资源的能动性是指人在生产过程中居于主导地位，在生产关系中人是最活跃的因素，具有主观能动性，同时具有不断开发的潜力。人力资源的能动性包括以下五个方面。

第一，人具有意识，知道活动的目的，因此人可以有效地对自身活动做出选择，调整自身与外界环境的关系。

第二，人在生产活动中处于主体地位，是支配其他资源的主导因素。

第三，人力资源具有自我开发性，在生产过程中，人一方面是对自身的损耗，而更重要的一方面是通过合理的行为，从而得到补偿、更新和发展；非人力资源不具有这种特性。

第四，人力资源在活动过程中是可以被激励的，即通过提高人的工作能力和工作动机，从而提高工作效率。

第五，选择职业，人作为人力资源的载体可以自主择业，选择职业是人力资源主动与物质资源结合的过程。

3.双重性

人力资源既具有生产性，又有消费性。人力资源的生产性是指人力资源是物质财富的创造者，而且人力资源的利用需要一定条件，必须与自然资源相结合，有相应的活动条件和足够的空间、时间，才能加以利用。人力资源的消费性是指人力资源的保持与维持需要消耗一定的物质财富。生产性和消费性是相辅相成的，生产性能够创造物质财富，为人类或组织的生存和发展提供条件；消费性则能够保障人力资源的维持和发展。同时，消费性也是人力资源本身的生产和再生产的条件。消费性能够维持人的生计，满足需要，提供教育与培训。相比而言，生产性必须大于消费性，这样组织和社会才能获益。

4.时效性

人力资源的时效性来自内外两个方面。内因是指人力资源的载体即人的生命所具有的周期性，只有当人处于成年时期并投入社会生产活动中，才能对其开发利用，发挥人力资源的作用；当人未成年或老年时，或其他原因退出劳动领域时，就不能称其为人力资源了。外因是指人力资源所表现出的知识、技能等要素相对于环境和时间来讲是有时效性的，如果不及时更新就难以满足外部条件变化的要求。另外，人力资源如果长期不用，就会荒废和退化。人的知识技能如果得不到使用和发挥，就会过时，或者导致人的积极性消退，产生心理压力。

5.社会性

人力资源不同于其他经济资源的一个显著特征就是社会性，具体表现在未来收益目标的多样性和外部效应的社会性方面。对于其他资源来讲，具有纯粹的自然属性，并不需要精神激励的手段。但人是社会的人，人力资源效能的发挥受其载体的个人偏好影响，除了追求经济利益之外，还要追求包括社会地位、声誉、精神享受以及自我价值实现等多重目标，在追求这些目标的过程中，其效能的发挥不仅会带来生产力的提高和社会经济的发展，而且会产生许多社会性的外部效应，如人的素质的提高会增进社会文明程度、保护并改善自然环境等。

二、人力资源管理的含义及重要性

人力资源管理有宏观层面的管理和微观层面的管理之分，宏观层面的人力资源管理是从社会经济的范围来定义的，微观层面的人力资源管理是从具体经济组织的角度来定义的，本书中的人力资源管理是指后者。

（一）人力资源管理的含义

管理是在特定的环境中，对组织所拥有的各种资源进行计划、组织、领导和控制，保证以有效的方式实现组织既定目标的过程。人力资源管理是组织各项管理中的一种，因此也服从于这个概念，简单地说，人力资源管理就是组织在特定的环境中对组织的人力资源进行计划、组织、领导和控制，以有效的方式保证从人力资源的角度帮助实现组织既定目标的过程。

更具体地来表达，人力资源管理是现代人事管理，是对人力资源的取得、开发、保持和利用等方面所进行的计划、组织、指挥和控制的活动。它是研究组织中人与人关系的调整、人与事的配合，以充分开发人力资源，挖掘人的潜力，调动人的积极性，提高工作效率，实现组织目标的理论、方法、工具和技术。

（二）人力资源管理的重要性体现

随着"知识经济"[①]时代的到来，人力资源管理因其与人的因素内在的密切联系而使得其重要性日益突出。应该看到，企业管理已经从强调对物的管理转向强调对人的管理，这是竞争加剧的结果。一方面，这是管理领域的扩大；另一方面，这也是管理环节的提前，因为物是劳动的产物。

---

① 知识经济是以知识为基础、以脑力劳动为主体的经济，是与农业经济、工业经济相对应的一个概念，工业化、信息化和知识化是现代化发展的三个阶段。教育和研究开发是知识经济的主要部门，高素质的人力资源是重要的资源。

人力资源管理的重要性主要体现在以下几个方面。

1. 人力资源管理是组织管理的核心

人力资源管理能够帮助组织中的管理人员达到以下目的：用人得当，即事得其人；降低员工的流动率；使员工努力工作；有效率的面试以节省时间；使员工认为自己的薪酬公平合理；对员工进行充足的训练，以提高各个部门的效能；保障工作环境的安全，遵守国家的法律；使组织内部的员工都得到平等的待遇，避免员工的抱怨；等等。这些都是组织中各个部门所有经理人员普遍的愿望。其实无论是正在学习财务管理、市场营销管理或者生产管理者，还是学习人力资源管理者，将来有很多人会在自己的专业领域承担管理责任，届时他们需要制订关于员工招聘、薪酬政策、绩效考核、员工晋升和人员调配等人力资源管理方面的决策，其实这一点也适用于那些非经济管理类的人。即使是那些将来不承担管理责任的员工，纯粹作为组织中人力资源管理活动的调整对象，也需要学习人力资源管理方面的知识，因为只有这样，他们才有能力对组织的人力资源管理政策做出自己的评价，并在此基础上提出有利于自己事业发展和待遇提高的建议。

2. 组织的经理人员要通过别人来实现自己的工作目标

这就使人力资源管理同其他类别的管理相比显得特别重要。我们经常发现许多企业在规划、组织和控制等方面做得很好，但是因为用人失当或者无法激励员工，最终没有获得理想的成绩；相反，虽然有些企业的经理人员在规划、组织和控制等方面做得一般，但因为他们用人得当，并且经常激励、评估和培养这些人才，最终使企业获得成功。

3. 人力资源是组织生存发展并始终保持竞争力的特殊资源

人力资源的特点表明，人力资源是组织拥有的特殊资源，也是组织获取和保持竞争力的重要资源。随着组织对人力资源的利用和开发，使得组织管理层的决策越来越多地受到人力资源管理的约束，人力资源管理正在逐渐被纳入组织的战备规划之中，成为组织竞争力至关重要的组成部分。心理学第一定律认为每个人都是不同的，总是在生理或心理上存在着与其他人有所不同的地方，这是人力资源区别其他形式经济资源的重要特点。在企业等各种组织中，只有清楚地识别每个员工与众不同之处，并在此基础上合理地任用，才能使每位员工充分发挥潜能，组织也才能因此而获得最大的效益。

三、人力资源开发

与人力资源管理经常同时出现的还有人力资源开发这一名词，有的教材名称就叫作人力资源管理与开发，其实，人力资源管理与人力资源开发是既有联系又有区别的一对概念。从前面的介绍中可以看出，现代人力资源管理区别于传统人事管理的一个重要特征就是更加注重对人力资源潜力的开发，也就是说，我们现在所讲的人力资源管理在多数情况下已内含了开发的功能，但这并不能完全体现出人力资源开发更深入的内涵。

（一）人力资源开发的含义及内容

最早提出人力资源开发的是美国乔治·华盛顿大学的教授里奥·那德勒。1970年，那德勒出版了《人力资源开发》的第一版，在这部著作中，他完善了后来成为人力资源开发领域分析框架的模型，人力资源开发开始逐步取代原来的"培训"和"培训与开发"而被理论研究及实践者接受。那德勒提出的人力资源开发的定义是：第一，由雇主提供的有组织的学习体验；第二，在一段特定的时间内；第三，其目的是增加雇员提高自己在职位上的绩效和发展个人的可能性。[①]

人力资源开发主要包括培训、职业生涯开发、组织开发和管理开发，具体内容如下。

1. 培训

当新员工进入组织时，培训活动就开始了，通常是以员工导向培训的形式展开。导向培训是由人力资源开发人员和新员工的直接主管共同负责进行的活动，目的是让新员工熟悉工作环境、职务的任务和责任、建立工作关系、克服陌生感、接受组织的价值观和文化、学习完成职务工作所需要的初级技能与能力。

培训工作主要针对一线员工进行。培训的内容主要围绕职务所需的知识、技能、能力和应有的工作态度和积极性。培训可以有两重意思：一方面，培训的目标是提高员工在这些岗位上的工作效率，也就是为组织赢利；另一方面，培训还可以以一种关怀的态度进行。这时，培训将会针对员工工作中可能遇到的问题，

---

① 宋源. 人力资源管理 [M]. 上海：上海社会科学院出版社，2017：14.

增强他们分析问题、解决问题的能力，培养他们主动承担自己工作岗位责任的能力，让员工能保持高绩效状态。因此，在这个意义上，培训已经是一种教练活动。在这样的活动中，员工被看作是组织的一个合伙人，培训活动帮助员工既达到为组织赢利的目的，又实现员工自我的目标。从这个意义来说，培训主要是以蓝领工人为对象。

培训还可以用于解决员工面临的具体问题，即使这个问题表面上看与组织绩效没有关系。例如，员工应对压力，面对节食、营养、瘦身、戒烟、戒酒和戒毒等方面的问题。这些问题的解决实际上是在帮助组织创造更高的利润，同时也让员工的工作与生活质量得以提高。这样的培训活动已经是一种雇员援助活动。

培训常常被用于带有强制性的学习内容的学习，针对的是全体员工。尤其是那些带有强制性的教育内容，如安全健康教育、国家法律法规教育、企业规章制度教育等。

一般来说，培训是以企业内部员工为对象展开的，而现在，培训已扩展到以企业外人员为对象。这包括以企业的各种各样的利益相关者为对象而进行的培训，其对象可以是顾客、消费者、销售商、供应商等。

2. 职业生涯开发

职业生涯是一个进入工作场所的人一生所经历的不同职务所构成的轨迹。在这个过程中，个人会经历一系列不同的阶段。在这些不同的阶段，他所面临的问题、需要完成的任务、可能的障碍和可能获得的支持等都有一定的共性，因此才能对职业生涯进行规划和管理。职业生涯的开发是以职业生涯为对象进行的开发活动。职业生涯开发既可以从个人的角度进行，也可以从组织的角度进行。严格地说，从组织角度进行的职业生涯开发活动才是构成企业人力资源开发的职业生涯开发。企业希望通过组织的职业生涯开发活动让员工获得更大的职业满足感，让员工的职业生涯开发获得组织的支持，从而让员工为组织做出更大的贡献。组织的职业生涯开发是比较复杂的活动，它主要通过培训、咨询、辅导、教练、雇员援助计划等形式进行。

3. 组织开发

组织开发是一种通过运用行为科学原理对组织中的成员进行团队式的影响，

改变他们的知识、技能、能力，最重要的是改变他们的态度和积极性的活动。组织开发要完成的任务包括两个方面：一方面，组织开发要让组织准备好面对复杂多变的环境问题，也就是说，通过组织开发活动，组织成员将对变革采取一种客观的或者是欢迎的态度，而不是抵制改革；另一方面，需要解决一个群体的整体开发，而不是个体的开发，也就是说，它需要改变的不是一个人的态度和行为，而是一个群体的态度和行为，这个群体可以是一个小的团队，也可以是一个部门，还可以是不同的群体之间。当然，更需要的是整个组织作为一个整体所发生的变化。

组织开发是通过变革代理人来进行的，这个代理人可以是组织内的，也可以是组织外的。但无论如何，人力资源开发者在其中都应该发挥重要作用。组织开发所依赖的开发手段有相对的独特性，它所依赖的手段被称为行为干预。这对人力资源开发者是比较陌生的工作，因此也需要他们具有更加深入的专业素质。而实际上，组织开发工作是最能体现人力资源开发的战略性工作，而这一工作需要人力资源开发者与高层管理者及中层管理者建立复杂的关系。

需要指出的是，尽管我们将组织开发归在人力资源开发中，但这两个领域的差异是比较大的：首先，两个领域的理论基础有比较大的差异，人力资源开发总的来说是以学习理论和教育学科为基础的，而组织开发更多的是以组织行为理论为基础的。其次，两个领域在组织中可能是分离的，在一些大型组织中，有专门的组织开发结构。当然，组织开发工作被归于人力资源开发部的情形也比较常见。

4. 管理开发

管理是组织效率的最重要来源，而管理者的效率却由于种种因素总是不理想。这或者是由于从事管理的人没有受过管理训练，或者是由于管理者的知识陈旧，或者是由于管理者不适合管理岗位，或者是由于管理者的管理风格不对，等等。管理者效率低下是制约管理效率的原因中最容易被人认识的，也正是鉴于此，对管理者展开的开发活动一直都是人力资源开发的重点，也是人力资源开发中的难点。针对蓝领工人进行的技术技能培训，一般来说都能获得比较理想的效果，而针对管理者进行的培训与开发，其效果常常是差强人意。

管理开发以组织中现在或未来的管理者为对象展开，其目的是提高管理者的管理效率，丰富他们的管理知识、技能和能力，改变他们的管理态度和动机。管理开发可以针对高级、中级和初级管理者三个层次分别进行。管理开发既可以在组织内展开，也可以在组织外展开。当管理开发是在学校内正式展开的时候，就是一种管理教育了。

（二）人力资源开发与人力资源管理的关系

人力资源管理与开发从组织管理的角度来看，是紧密联系在一起的，在具体实施过程中也绝不可以割裂开来，否则就易使人力资源管理陷入传统的人事管理之中。两者的关系可以定位为管理是对人力资源现实能力的使用与规范，而开发则着眼于人力资源与组织未来的发展潜力，具体来说，其联系有三个方面：①人力资源开发建立在人力资源管理的基础上。因为人力资源开发并不是不加分析的统一政策的开发，也需要在对不同人力资源个体和群体不同诊断的基础上执行不同的政策，而这些诊断信息主要依靠人力资源管理来获得。②人力资源开发的主要内容包含在现代人力资源管理的各个环节。人力资源开发的重点是展开对组织中人力资源的各种针对性培训，以及对人力资源的职业生涯设计开发，这些内容已被公认为现代人力资源管理专业的组织部分。③人力资源管理要以人力资源开发为导向。因为人力资源开发更体现了组织的战略性和对人力资源的重视，所以一个有生命力的组织显然不能仅仅停留在日常的管理之中，而应追求组织的长期发展。

人力资源开发与人力资源管理的区别仅仅表现在各自侧重点的不同，主要有三个方面：①人力资源开发比人力资源管理更强调战略性与长期性；②人力资源开发是人本理念最集中的体现，因为开发的各项措施常常表现在对人力资源实施的培训上，同时这种培训又强调组织需求与个人需求的结合，当然是对人力资源的最大重视；③人力资源开发的某些内容人力资源管理并不能完成，例如，上面提到的有争议的组织开发的内容，显然是人力资源管理领域所不能完全承载的。

第二节　人力资源管理的发展变化

对人力资源管理的发展阶段进行划分，其目的并不在于这些阶段本身，而是要借助这些阶段来把握人力资源管理的整个发展脉络，从而可以更加深入地理解它。根据这一要求，我们将人力资源管理的发展划分为以下五个阶段。

一、经验管理阶段

这一阶段是指19世纪中叶以前，这一时期生产的形式主要以手工作坊为主，并开始向机器化大工业转化。为了保证具有合格技能的工人能充足供给，对工人技能的培训是以有组织的方式进行的。师傅与徒弟的生活和工作关系，非常适合家庭工业生产的要求。由于管理主要是经验式的管理，各种管理理论只是处于初步摸索之中，还未形成体系。这一阶段的特点主要有六个方面。

第一，组织的所有权与经营权合一，企业主既是所有者，又是经营者。

第二，并未建立健全统一的有理论依据的规章制度，而且存在的所谓的制度也极不稳定，经常出现一换领导就换制度的现象。

第三，在组织内容的人际关系处理中是典型的"人治"，没有法治，所以对于规律性的事情常会出现随管理者主观而变化的处理结果，很难使被管理者形成稳定的预期。

第四，在决策上缺乏科学的决策程序，一般依靠主观判断来进行决策，决策风险很大。

第五，没有形成科学合理的分工，执行的是面对面的管理，主观随意性很强。

第六，从管理效果上看存在两个特点，一是管理的效率低下，二是组织的团队士气不高。

二、科学管理阶段

这一阶段是所有学者公认的一个发展阶段，指19世纪末到20世纪早期。这一时期生产的形式是机器化大工业。随着农业人口涌入城市，雇佣劳动大规模开展，雇佣劳动部门也随之产生，工业革命导致劳动专业化水平的提高和生产效率的提高，与之相应的技术进步也促使人事管理方式发生变化。最著名的代表人物是被称为"科学管理之父"的泰勒，另外还有提出行政组织体系的韦伯和提出管理要素与管理职能的法约尔，他们的理论也统一被称为古典管理理论。其中最有代表性的是泰勒于1911年出版的《科学管理原理》一书中提出的思想，可以概括为以下六个方面。

第一，最佳动作原理。具体方法是选择合适而熟练的工人，将他们每一个动作、每一道工序的时间记录下来，并把这些时间加起来，再加上必要的休息时间和其他延误时间，得出完成该项工作需要的总时间，据此来定出一个工人的"合理的日工作量"。用这一"合理的日工作量"来要求不同岗位上的工人，制订其工作定额。泰勒认为，人的生产力的巨大增长这一事实是文明国家和不文明国家的区别，标志着我们在一两百年内的巨大进步，科学管理的根本就在于此。因为科学管理同节省劳动的机器一样，其目的在于提高每一单位劳动力的产量。

第二，第一流工人制。即根据不同的体质和禀赋来挑选和培训工人，如身强力壮的就应该分配他干重活，而不应去干精细的活。这样挑选和培训出来的工人就是第一流的。

第三，刺激性付酬制度。即根据工人是否完成工作定额而采取"差别计件工资制"，超额完成生产任务的，单件的工资额越高，收入就越多。

第四，职能管理原理或职能工长制。即将管理工作细致地予以分割，每个管理者只承担一两种管理职能，这样，管理的职责比较单一明确，培养管理者所花的时间和费用也比较少。但是，由此也带来一些问题，即一个工人要从几个职能不同的上级那里接受命令。

第五，例外原理。即企业的高级管理人员应把一般的日常事务授权给下级管理人员去处理，而自己只保留对例外事项（重要事项）的决策权和监督权。

第六，"精神革命论"。即对工人进行思想压制的理论。在泰勒进行试验的工厂，不许4个以上的工人在一起工作。他认为，当工人结帮成伙时，会把许多时间用在对雇主的批评、怀疑甚至公开斗争上面，从而降低效率。如果把工人隔开，工人就会专心致志地按规范操作，从而提高工效和增长工资。泰勒认为，工人的工资一旦提高，"精神革命"也就会随着发生，即工人和雇主双方都不把盈余的分配看成是头等大事，而把注意力转到增加盈余量上，直到盈余大到一定的程度，以致不必为如何分配而争吵。

从这些学者的观点中可以总结出这一时期管理的特点：①组织所有权与经营权开始分离，组织出现了专门从事职能管理的人员，这是对管理作为重要生产要素的一种肯定；②采用"经济人"的人性假设，管理工作的重点在于提高生产率、完成生产任务，不去考虑人的感情；③组织中制定了严格的规章制度，依法治人，不留情面；④在对人的控制上选择外部控制的手段，依靠外部监督，实行重奖重罚的措施；⑤管理手段上讲究科学化，决策程序与机制的建立使得决策科学性大大提高，定量分析工作的方法大大提高了生产率；⑥从管理效率上看，生产效率大为提高，这也是资本主义发展史上的黄金时期，但由于漠视人的主观感受，不讲感情，使得组织的士气大受影响，员工的对抗情绪较为强烈，有时甚至会影响生产效率。

三、人际关系阶段

这一时期指的是20世纪20年代至第二次世界大战结束。由于泰勒等人创立的科学管理理论，仅仅把人看作是一种"经济人"，工人追求高工资，企业家追求高利润，并且过分强调严格用科学方法和规章制度实施管理；不论是前期泰勒等人提出的科学管理方法，还是后期韦伯等人提出的行政组织理论，其共同点都是强调科学性、精密性和纪律性，而把人的情感因素放到次要地位，把工人看作是机器的延长——机器的附属品，因而激起工人的强烈不满和反抗。在这种情况下，一些管理学家开始意识到，社会化大生产的发展需要有一种能与之相适应的新管理理论，于是人际关系学派应运而生。推动人际关系学派产生的一个重要事件就是在美国西屋电器公司进行的"霍桑试验"，其中最著名的代表人物是乔治·埃尔顿·梅奥。

1926年，梅奥进入哈佛大学从事工业研究，不久参加了著名的霍桑工厂试验。当时，一些管理人员和管理学家认为，工作环境的物质条件同工人的健康、劳动生产率之间存在着明显的因果关系，在理想的工作条件下，职工能发挥出最大的工作效率。但是，经过对两组女工——控制组和对照组的比较试验发现，这一理论是不能成立的。参加试验的两组女工在工作环境、工作时间和报酬等因素发生各种变化时，产量始终保持上升趋势，其生产率并不和工作环境及工资报酬的好坏、多少呈正比。而梅奥则从另外的角度来考察前一阶段试验的结果。他认为，参加试验的工人产量增长的原因主要是工人的精神方面发生了巨大变化，由于参加试验的工人成为一个社会单位，受到人们越来越多的注意，并形成一种参与试验计划的感觉，因而情绪高昂，精神振奋。梅奥由于发现了工业生产过程中的社会环境问题，因此率先提出了"社会人"这一概念。梅奥指出，工人是从社会的角度被激励和控制的，效率和士气的提高主要是由于工人的社会条件和人与人之间关系的改善，而不是由于物质条件或物质环境的改善。因而企业管理者必须既要考虑到工人的物质技术方面，又要考虑到其他社会心理因素等方面。梅奥等人以霍桑试验中的材料和结果提出以下假说。

假说一：企业职工是"社会人"，而不仅仅是"经济人"。企业中的工人不是单纯追求金钱收入的，他们还有社会方面、心理方面的需求，如追求人与人之间的友情、安全感、归属感和受人尊重等。因此，不能单纯从技术和物质条件着眼，还必须从社会心理方面来鼓励工人提高生产率。

假说二：企业中存在着"非正式组织"。企业中除了"正式组织"之外，还存在着"非正式组织"。这种"非正式组织"是指在厂部、车间、班组以及各职能部门之外的一种关系，从而形成各种非正式的集团、团体。这种"非正式组织"有自己的价值观、行为规范、信念和办事规则。它与"正式组织"互为补充，对鼓舞工人士气，提高劳动生产率、增强企业凝聚力都能起到很大作用。

假说三：作为新型的企业领导，其能力体现在提高职工的满足程度，以提高职工的士气，从而提高劳动生产率。金钱式经济刺激对促进工人劳动生产率的提高只起辅助性的作用，起主要作用的是职工的满足程度，而这个满足程度在很大程度上是由职工的社会地位决定的。职工的安全感和归属感依存于两个因素：一是工人的个人情况，即工人由于个人历史、家庭生活和社会生活所形成的个人态度和情绪；二是工作场所的情况，即工人相互之间或上下级之间的人际关系。

总结人际关系阶段，具有以下特点：①组织所有权与经营权分离成为不可逆转的趋势；②采用"社会人"的人性假设，由理性化管理变为感性化管理；③管理手段上，由制度管理变为思想管理，强调尊重人的个性；④在控制方法上，由外部控制变为自我控制，弱化制度的作用；⑤管理重点由直接管理人的行为变为管理人的思想，强调人际关系的协调与正向的激励；⑥从管理效果上来看，人际关系学派在实践上鼓舞了组织的士气，因而也取得了不错的生产效率，但由于在某种程度上忽略了制度在防范不良绩效上的作用，容易导致生产效率的不稳定。

四、行为管理阶段

20世纪50年代后期至80年代末，针对人际关系学派的不足，许多管理学者加以总结和补充，发展出了行为管理学派。行为科学是在人际关系学说的基础上形成的，它重视对个体心理和行为、群体心理和行为的研究与应用，侧重于对人的需要和动机的研究，探讨了对人的激励研究，分析了与企业有关的"人性"问题，代表人物是马斯洛和麦格雷戈。这一阶段在理论上，已经从过去只重视对具体工作和组织的研究，转向重视人的因素的研究，这是从重视"物"转向重视

"人"的一种观念和理论上的飞跃。这一阶段的理论创新都与人力资源管理有直接关系，从而也为人力资源管理奠定了理论基础，在20世纪60年代中叶，又发展为组织行为学。组织行为学奠定了人力资源管理的学科基础。

（一）麦格雷戈的 X—Y 理论

美国管理学家麦格雷戈于1957年提出了X—Y理论。麦格雷戈把传统管理学说称为X理论，他自己的管理学说称为Y理论。X理论认为：多数人天生懒惰，尽一切可能逃避工作；多数人没有抱负，宁愿被领导，怕负责任，视个人安全高于一切；对多数人必须采取强迫命令，软（金钱刺激）硬（惩罚和解雇）兼施的管理措施。Y理论的看法则相反，它认为：一般人并不天生厌恶工作；多数人愿意对工作负责，并有相当程度的想象力和创造才能；控制和惩罚不是使人实现企业目标的唯一办法，还可以通过满足职工爱的需要、尊重的需要和自我实现的需要，使个人和组织目标融合一致，达到提高生产率的目的。

麦格雷戈认为，人的行为表现并不是由其固有的天性所决定的，而是由企业中的管理实践造成的。剥夺人的生理需要，会使人生病。同样，剥夺人的较高级的需要，如感情上的需要、地位的需要、自我实现的需要，也会使人产生病态的行为。人们之所以会产生消极的、敌对的和拒绝承担责任的态度，正是由于他们被剥夺了社会需要和自我实现的需要，因而迫切需要一种新的、建立在对人的特性和人的行为动机更为恰当的认识基础上的新理论。麦格雷戈强调指出，必须充分肯定作为企业生产主体的人，即企业职工的积极性是处于主导地位的，他们乐于工作、勇于承担责任，并且多数人都具有解决问题的想象力、独创性和创造力，关键在于管理者如何将职工的这种潜能和积极性充分发挥出来。

（二）马斯洛需求层次理论

美国最具盛名的心理学家亚伯拉罕·马斯洛创立了人本主义心理学，在以弗洛伊德为代表的精神分析学派和以华生为代表的行为主义之后，形成了心理学上的"第三思潮"。他在《人类动机的理论》等著作中提出了著名的人类需求层次理论。他把人的需求按其重要性和发生的先后分为五个层次，人们一般按照先后次序来追求各自的需求与满足。等级越低者越容易获得满足，等级越高者则获得满足的比例越小。

一是生理上的需求，包括维持生活和繁衍后代所必需的各种物质上的需要，即衣、食、住、医、行等。这些是人们最基本、最强烈、最明显的一种需要。在这一层次需求没有得到满足之前，其他需求不会发挥作用。

二是安全上的需求，如生活保障、生老病死有依靠等。一旦生理需求得到了充分满足，就会出现安全上的需求——想获得一种安全感。

三是感情和归属上的需求，包括同家属、朋友、同事、上司等保持良好的关系，给予别人并从别人那里得到友爱和帮助，谋求使自己成为某一团体公认的成员以得到一种归属感等。

四是地位和受人尊重的需求，人们对尊重的需求可分为自尊和来自他人的尊重两类。自尊包括对获得信心、能力、本领、成熟、独立和自由等的愿望；而来自他人的尊重包括这样一些概念：威望、承认、接受、关心、地位、名誉和赏识。

五是自我实现的需求，这是最高一级的需求，它是指一个人需要做适合他的工作，发挥自己最大的潜在能力，表现个人的情感、思想、愿望、兴趣、能力，实现自己的理想，并能不断地创造和发展。

总结行为管理阶段，具有以下特点：①行为管理学者的主要思想是建立在人际关系学派基础上的，因此有相当一部分观点是相同的；②行为管理学派在一定程度上超越了前人对于具体组织和工作的研究，更加注意对人的因素的研究；③行为管理学派已经不拘泥于某一固定的人性假设，开始具备权变的思想；④需求层次理论指出了从物质到精神、从生理到心理这样一个先后不同的层次，因而促使人们在企业管理理论上进一步深化，去思考在企业的生产过程中，如何更好地从文化心理上去满足企业职工的高层次需求，从文化上对职工加以调控和引导，帮助他们实现各自的愿望，使他们能够生活在这样一种氛围中，不仅感到自己是一个被管理者，同时也能够在感情归属、获得安全感和尊敬，以及最后的自我实现方面都有很大的发展余地，这也孕育着企业文化理论的诞生。

五、企业文化阶段

企业文化的真正兴起是在20世纪80年代。作为在管理理论基础上发展起来的企业文化理论，是对原有管理理论的总结、创新，它从一个全新的视角来思考和分析企业这个经济组织的运行，把企业管理和文化之间的联系作为企业发展的生命线。企业管理从技术、经济上升到文化层面，是管理思想发展史上的一场革命，它给企业管理带来了勃勃生机和活力。

（一）麦肯锡的 7S 模型

企业文化理论诞生的一个重要诱因是美日企业管理经验的比较研究，其中最有代表性的人物是麦肯锡公司的专家汤姆·彼得斯和罗伯特·沃特曼。他们先设置了可列为"管理最佳公司"的标准，再精选出数十家这类最佳公司，对它们进行较长时期的深入研究，发现它们管理有效性的共同之处，都在于全面关注和抓好七个管理因素，即结构（Structure）、战略（Strategy）、技能（Skill）、人员（Staff）、作风（Style）、制度（Systems）和共有价值观（Shared values）。这些因素关联，构成一个完整的系统。它们中有的较"硬"、较理性、较直观、较易测控，如战略、结构等因素；有的则较"软"，不够理性，较难捉摸，要靠直觉来感知，这类因素恰恰是人们容易忽略的，却又是最重要的。其中共有价值观这一因素是整个系统的核心、基础和关键，它就是企业的精华或叫作"企业精神"。它表明，管理软硬兼备，虚实并蓄，是一个复杂完整的系统，而其核心则是最软而虚的"企业文化"或精神。

（二）学习型组织的出现

学习型组织是指在发展中形成的具有持续地适应和变革能力的组织。在一个学习型组织中，人们可以抛开原有的思考方式，能彼此开诚布公地去理解组织真正的运作方式，去构造一个大家能一致同意的愿景，然后齐心协力地实现这个目标。"以人为本"的管理理念得到了进一步发展，具体表现为：组织领导者既要掌握管理的理论和理念，更要注重管理的方法、操作和技能等实践；重视企业文化和团队精神的作用，培育和发掘人力资源的创造力和企业的凝聚力；注重多文化时代多元化的管理模式；企业投资、经营和竞争的多元化，要求人力资源管理活动不断创新。

企业文化阶段的特点可以归结为：①人事关系成为总经理最重要的事宜之一；②重视员工作为有尊严个体的存在；③重视用工作目标激发员工的积极性；④重视工作表现和挑战性工作，注重在工作中培养员工的成就感；⑤注重团队精神的培养和沟通技巧的培训使用；⑥注意团体气氛的融洽，构建学习型组织。

第三节　人力资源管理的理论依据

人力资源管理是对人进行的管理，因此，对人性的基本假设将直接决定人力资源管理的具体管理方式与管理方法，下面将从人性假设理论、组织设计理论、激励理论、人力资本理论等方面来论述人力资源管理的理论基础。

一、人性假设理论

人性问题是管理心理学的重要研究领域，因为制订什么样的管理制度、采用什么样的管理方法、建立什么样的组织结构，都与如何看待人性有关。人性假设理论是人力资源管理的主要理论基础之一，是企业进行人力资源管理的出发点和依据。

（一）X理论与Y理论

1.X理论

麦格雷戈把传统的管理观点叫做X理论。X模式的特点有以下几点：①多数人天生是好逸恶劳的，工作对他们而言是一种负担，工作毫无享受可言。只要有机会，他们就会尽可能地偷懒，逃避工作。②大多数人都没有雄心壮志，没有自己为之奋斗的大的目标，也不喜欢负责任，而宁可让别人领导自己。他们缺乏自信心，把个人的安全看得很重要。③大多数人的个人目标与组织目标都是相互矛盾的，为了达到组织目标必须靠外力严加管制。必须用强迫、指挥、控制、处罚、威胁等手段，使他们做出适当的努力去实现组织的目标。④大多数人都是缺乏理智的，不能克制自己，只凭自己的感觉行事，很容易受别人影响，而且容易安于现状。⑤大多数人都是为了满足基本的生理需要和安全需要而工作的，所以他们选择那些能在经济上获利最大的事去做，而且他们只能看到眼前的利益，看不到长远的利益。⑥人群大致分为两类，多数人符合上述假设，少数人能克制自己，这部分少数人应当负起管理的责任。

基于上述人性假设，应采取的管理措施可归纳为以下三点：①管理工作的重点是提高生产率、完成生产任务，而对于人的感情和道义上应负的责任，则是无关的。简单地说，就是重视完成任务，而不考虑人的感情。按照这种观点，管理就是进行计划、组织、经营、指导和监督。这种管理方式叫做任务管理。②管理工作只是少数人的事，与广大工人群众无关。工人的主要任务是听从管理者的指挥，但由于其必须在强迫和控制之下才肯工作，所以在管理上要求由分权化管理恢复到集权化管理。③在奖励制度方面，主要用金钱来刺激工人生产的积极性，同时对消极怠工者采用严厉的惩罚措施。通俗地说，就是采取"胡萝卜加大棒"的政策。

2.Y 理论

"实践证明，以 X 理论为前提的管理模式造成人才创造性和奉献精神的不断下降、员工对工作绩效的毫不关心等不良后果，日益使人怀疑 X 理论是建立在错误因果概念的基础上的。"[①]因此，与 X 理论消极的人性观点相对照，麦格雷戈又提出了一个新的 Y 理论。其主要内容是：①一般人都是勤奋的，并不是天性就不喜欢工作的，工作中体力和脑力的消耗就像游戏和休息一样自然。对有的人来说，工作可能是一种满足，因而自愿去执行；而对另外的一些人来说，也可能是一种处罚，因而只要可能就想逃避。到底怎样，要看环境而定。②外部控制、惩罚和威胁并不是能够使人们为组织目标奋斗的唯一手段；没有人喜欢外来控制和惩罚，外来的控制和惩罚，并不是促使人们为实现组织的目标而努力的唯一方法。它甚至对人是一种威胁和阻碍，并阻挡了人前进的脚步。③人的自我实现要求和组织要求之间是没有矛盾的。如果给人提供适当的机会，就能将个人目标和组织目标统一起来，使得承担目标的程度与他们成绩联系的报酬大小成比例，这时个人的积极性就大得多了。④人类不仅是经济人，还是社会人，人在追求不断满足的同时，不仅学会了接受职责，而且还学会了主动承担职责。一般而言，每个人不仅能够承担责任，而且会主动承担责任。逃避责任、缺乏抱负以及强调安全感，通常是经验的结果，而不是人的本性。人总希望自己在工作中取得成就。⑤大多数人都有一种实现自我、发挥自己潜能的欲望，这样在解决组织的困难问题时，就会发挥较高的想象力、聪明才智和创造性，都充满活力。在现代工业生活中，一般人的智力潜能只是部分得到了发挥。只要管理者给他们一定的条件和环境，对他们进行激励，他们都会发挥很大的作用。⑥激励人们的最好办法是满

① 诸葛剑平. 人力资源管理（精华版）[M]. 杭州：浙江工商大学出版社，2020：36.

足他们的成就感、自尊感和自我实现感等高层次的需求；而且，激励在每一个阶梯上都在起作用。

Y理论的各项人性假设，是对传统的管理思想和行为习惯的挑战。这种假设必然会导致下述几种管理思想、原则和措施：①任何组织绩效的低落都应归于管理的不利。在组织的舞台上，人与人之间的合作倘若有所限制的话，决非人类本性所致，而是由于管理阶层的能力不足，未能充分挖掘和利用人力资源的潜力。②人是依靠自己的主动性和自我督导去工作的，因而在管理上要由集权化管理恢复到参与管理。在管理制度上给予工人更多的自主权，给员工更多的信任、实行自我控制，让工人参与管理和决策，并共同分享权力。③组织的基本原则是融合原则。即创造一种环境，使组织中的成员在该环境下，既能达成各成员的个人目标，又能实现组织的目标。管理者的重要任务是创造使人得以发挥才能的工作环境，激发出职工的潜力，并对职工进行合理的引导，使职工在为实现组织的目标贡献力量时，也能达到自己的目标。

3.超Y理论

鉴于X理论和Y理论的局限与不足，摩尔斯和洛斯奇提出了超Y理论。这一理论对人性的假设是：人们到组织中工作的需要和动机是多种多样的，但主要的需要是取得胜任感。胜任感是指组织成员成功地掌握了周围的世界，其中包括所面对的任务而积累起来的满意感；取得胜任感的动机尽管人人都有，但不同的人可用不同的方式来实现，这取决于这种需要与其他需要之间的相互作用；组织目标与个人目标的一致易于导致胜任感，而胜任感即使实现了也仍会有激励作用；所有人都需要胜任感，但由于人的个体差异的存在，因而用什么样的方式取得胜任感是不同的。

基于超Y理论的人性假设，在管理中应采用如下原则或措施：①X理论和Y理论都既非一无是处，也非普遍适用，应针对不同情况，将任务、组织、人员作最佳的配合，以激励人员取得有效的工作成绩；②既要使组织的模式适合工作任务，又要使任务适合工作人员，以及使员工适合组织；③管理人员可能采取的最佳的组织管理方法，就是整顿组织使之适合任务性质与人员。

（二）四种人性假设理论

在西方管理心理学研究中，另一种较有影响的人性假设理论是雪恩提出的四种与管理有关的人性假设，即"经济人""社会人""自我实现人"和"复杂人"的假设，展现了西方管理界对人性看法的发展历程。

1."经济人"假设

经济人假设包括如下基本观点：职工基本上都是受经济性刺激物激励的，不管是什么事，只要向他们提供最大的经济利益，他们就会去干；由于经济刺激在组织的控制之下，所以职工在组织中的地位是被动的，他们的行为是受组织控制的；感情是非理性的，必须加以防范，否则会干扰人们理性地权衡自己的利益；组织能够而且必须按照控制人们感情的方式来设计，特别是那些无法预计的品质。

2."社会人"假设

"社会人"假设又称"社交人"假设，这种假设认为，人的最大需要是社会性需要，人在组织中的社交动机，如想被自己的同事接受和喜爱等，远比对经济性刺激物的需要的动机更加强烈。只有满足人的社会性需要，才能产生最大的激励作用。

社会人假设可概括为如下几点：社交需要是人类行为的基本激励因素，而人际关系则是形成人们身份感的基本因素；从工业革命中延续过来的机械化，使工作丧失了许多内在的意义，这些丧失的意义现在必须从工作中的社交关系寻找回来；与管理部门所采用的奖酬和控制的反应比起来，职工更容易对同级同事所组成的群体的社交因素做出反应；职工对管理部门的反应能达到什么程度，取决于管理者对下级的归属需要、被人接受的需要以及身份感的需要能满足到什么程度。

3."自我实现人"假设

雪恩在总结了马斯洛、阿吉里斯、麦格雷戈等人的理论后，提出了"自我实现人"假设。

"自我实现人"假设的基本内容是：当人们的最基本需要得到满足时，就会转而致力于较高层次的需要，寻求自身潜能的发挥和自我价值的实现；一般人都是勤奋的，他们会自主地培养自己的专长和能力，并以较大的灵活性去适应环境；人主要还是靠自己来激励和控制自己的，外部的刺激和控制可能会使人降低到较不成熟的状态去；现代工业条件下，一般人的潜力只利用了一部分，如果给予适当的机会，职工会自愿地把他们的个人目标与组织的目标合为一体。

4. "复杂人"假设

雪恩在20世纪60年代末至70年代的调查研究中发现，人不是单纯的"经济人"，也不是完全的"社会人"，更不可能是纯粹的"自我实现人"，而应该是因时、因地、因各种情况而具有不同需要和采取不同反应方式的"复杂人"。

"复杂人"假设的基本内容是：人的需要是多种多样的，而且这些需要随着人的发展和生活条件的变化而发生改变，每个人的需要都各不相同，需要的层次也因人而异；人在同一时间内有各种需要和动机，它们会发生相互作用并结合为统一的整体，形成错综复杂的动机模式。例如，两个人都想得到高额奖金，但他们的动机却不相同。一个是要改善家庭的生活条件，另一个则把高额奖金看成是达到技术熟练的标志；人在组织中的工作和生活条件是不断变化的，因此会不断产生新的需要和动机。也就是说，在人生活的某一特定时期，动机模式的形成是内部需要和外界环境相互作用的结果；一个人在不同单位或同一单位的不同部门工作，会产生不同的需要。

二、组织设计理论

罗宾斯认为，组织就是"由人组成的，具有明确目的和系统性结构的实体"。在这个意义上，组织是一种社会实体或社会机构。在上面的定义中，所谓"系统性结构"，实质上是组织内部部门之间或组织成员之间由于劳动分工而引致的相互的权力—责任关系。因此，在管理学意义上，我们也可以将组织视为一种权—责角色结构。

（一）组织结构

组织结构指组织内部分工协作的基本形式或框架。组织结构对组织行为具有长期性和关键性的影响。它反映了：①关于个人和部门一系列正式的任务安排（即工作在各个部门与组织成员之间是如何分配的）；②正式的报告关系（即谁向谁负责），包括权力链、决策责任、权力分层的数量（管理层次）以及管理人员的控制范围（管理幅度）；③组织的内部协调机制。组织结构为保证跨部门合作提供了一种体系设计，一个企业的结构反映了企业通常是如何解决信息和协调问题的。在这个意义上，我们可以将组织结构定义为"一个企业组织任务、安排人员完成任务，以及促使企业信息流动的一般的和持久的方式"。

组织结构描述了组织的框架体系。我们可以从三个方面来描述组织结构的基本特征。

一是复杂性。指组织的分化程度。一个组织劳动分工越细密，纵向的等级层次就越多；组织单位的地理分布越广泛，则协调人员活动就越困难。我们使用复杂性这一术语来描述这一特征。

二是正规化。指组织依靠规则、程序来引导和控制员工行为的程度。有些组织仅以很少的规章制度来控制员工行为，而另一些组织虽然规模较小，却有着各种各样的规定指示员工可以做什么或不可以做什么。一个组织使用的规章制度或条例越多，其组织结构就越正规化。

三是集权化。描述了决策制订权在组织内的分布情况。在一些组织中，决策权是高度集中的，即权力主要掌握在高级管理人员手中。在这种情况下，问题或决策需求通常自下而上地传递给高级管理人员，由他们根据组织的整体战略和利益来选择合适的行动方案。然而，在另外一些组织中，其组织结构则呈现出分权化的特征。在这些组织中，决策制订权被授予下层人员，使他们能够根据具体情况和实际需求做出快速响应和决策。

（二）组织设计

组织设计关注的是如何建立或改变一个组织的组织结构（包括组织机构和职位系统），使之能更有效地实现组织的既定目标。组织设计涉及对组织内的层次、部门和职权进行合理的划分。具体而言，即根据组织目标，对实现目标所必需的各项业务活动加以区分和归类，把性质相近或联系紧密的工作进行归并，组建相应的职能部门进行专业化管理，并根据适度的管理幅度来确定组织管理层次，包括组织内横向管理部门的设置和纵向管理层次的划分。其基本原则主要包括如下五条。

1. 劳动分工或专业化

完成一项工作包含多个环节或内容时，管理者就需要考虑怎样在员工中分配工作任务。传统的观点认为劳动分工是提高劳动生产率一个取之不尽的源泉，而且也可以提高管理者对工作任务的控制能力。在20世纪初期和更早的时期，这一结论毫无疑问是正确的，因为当时专业化还没有得到普遍推广。但物极必反，随着劳动分工日益细密，一方面劳动分工所带来的非经济性将开始超过专业化的经济优势。这种非经济性表现为员工精神和生理上的厌倦、疲劳、压力，从而导致经常旷工，甚至较高的离职流动率，导致低生产率、劣质品率上升，等等。另一方面的问题是，劳动分工势必增强管理协调的难度，对协调众多员工的工作活动提出更高要求，尤其是对于独立性和专业性很强的工作。

现代的观点主张不仅要考虑经济成本和效益，也要考虑员工心理上的成本和效益；强调通过扩大，而不是缩小工作活动的范围来提高生产率。例如，给予员工多种工作去做，允许他们完成一项完整且全面的任务，或者将他们组合到一个工作团队中。现代的观点虽然与劳动分工的思想相违背，但从总体上说，劳动分工思想仍在当今许多组织中具有生命力，并且具有较好的效果。我们应该认识到它为某些类型的工作所提供的经济性，与此同时，我们也要看到它的不足之处。

2. 指挥链

指挥链是一条权力链，它表明组织中的人是如何相互联系的，表明谁向谁报告。指挥链涉及两个原理。

（1）统一指挥。古典学者强调统一指挥原则，主张每个下属应当只能向一个上级主管直接负责，不能向两个或者更多的上司汇报工作。否则，下属可能要面对来自多个主管的相互冲突的要求或优先处理的要求。

（2）阶梯原理。这一原理强调从事不同工作和任务的人，其权力和责任应该是有区别的。

组织中所有人都应该清楚地知道自己该向谁汇报，以及自上而下的、逐层的管理层次。

统一指挥涉及谁对谁拥有权力，阶梯原理则涉及职责的范围。因此，指挥链是决定权力、职责和联系的正式渠道。

3. 管理跨度

一个管理者能够有效地指挥多少个下属？这是一个管理跨度问题。所谓管理跨度，就是向上级主管汇报工作的员工的数量。这一问题之所以重要，是因为它决定了组织的层次和管理人员的数量。

古典学者主张窄小的跨度（通常不超过6人），以便管理者能够对下属保持紧密的控制。不过，也有一些学者认识到，组织层次是一个权变因素。随着管理者在组织中职位的提高，需要处理许多非结构性问题，这样高层经理的管理跨度要比中层管理者的小；而中层管理者的管理跨度又比基层监督人员的小。

现在越来越多的组织正努力扩大管理跨度。管理跨度日益根据权变因素的变化向上调整，从而导致组织结构的扁平化趋势。影响管理跨度的权变因素包括：下属业务活动经验的丰富程度；下属工作任务的相似性；任务的复杂性/确定性；下属工作地点的相近性，使用标准程序的程度；组织管理信息系统的先进程度；组织文化的凝聚力；管理者的管理能力与管理风格；等等。

4.职权与职责

职权视为管理职位所固有的发布命令和希望命令得到执行的一种权力。在古典学者看来，职权是将组织紧密结合起来的黏合剂。职权可以向下委让给下属管理人员，授予他们一定的权力，同时规定他们在限定的范围内行使这种权力。

每一管理职位都具有某种特定的、内在的权力，任职者可以从该职位的等级或头衔中获得这种权力。因此，职权与组织内的一定职位相关，而与担任者的个人特征无关。"国王死了，国王万岁"，就说明了这个道理。不管国王是谁，都具有国王职位所固有的权力。只要被辞退掉有权的职位，不论是谁，离职者就不再享有该职位的任何权力。职权仍保留在该职位中，并给予新的任职者。

授权的时候，我们应该授予相称的职责。换言之，一个人得到某种权力，他也就承担了一种相应的责任。职权木质上是管理者行使其职责的一种工具。

古典学者认识到了职权与职责对等的重要性。另外，也有人阐明，职责是不可以下授的。他们提出这一论点，是因为他们注意到授权者对其授权对象的行动负有责任。进一步讲，古典学者认为，有必要区分两种不同形式的职责：执行职责与最终职责。管理者应当下授与所授职权相对等的执行责任，但最终的责任永远不能下授。

5.部门化

随着组织规模的扩大，管理者为了保证有效的工作协调和对工作活动的有效控制，就必须将一组组特定的工作合并起来，从而形成一系列的部门。我们将这个过程称为部门化。部门是指组织中主管人员为完成规定的任务有权管辖的一个特定的领域。部门化或部门划分的目的，在于确定组织中各项任务的分配与责任的归属，以求分工合理、职责分明，从而有效地达到组织的目标。一种最常见的部门划分方法是按履行的职能组合工作活动，称之为"职能部门化"。这种方法将特定的、互相有联系的工作活动划分到同一个部门。在每一个部门里，员工拥有相似的技能、专长和可以利用的资源。

三、激励理论

激励是心理学的一个术语，是指管理者通过某种内部和外部的刺激，激发人的动机，使人产生一股内在的动力，从而调动其积极性、主动性和创造性，使其朝向预定目标前进的一种管理活动。通过激励，能够激活人的潜能，产生更高的绩效。

（一）内容型激励理论

内容型激励理论主要是分析人的内在需求和动机是如何推动行为的。该理论重点研究激发动机的诱因，主要包括：马斯洛的"需求层次理论"（见本章第二节）、ERG理论、三种需要理论、赫茨伯格的"双因素理论"等。

1.ERG 理论

ERG理论试图克服需求层次理论的不足，它将人的需求分为生存需求（Existence）、关系需求（Relatedness）和成长需求（Growth）三类。它并不强调需求的层次划分，也不认同当低一层次的需求得到满足后，人们就必然会追求高一层次的需求。它认为一种需求在得到满足之后，该需求所引起的紧张不仅不会彻底消除，而且还很有可能更加强烈。它还提出当追求高层次需求受挫之后会转向追求低层次需求的"挫折—退化"理论。但ERG理论没能解决需求层次理论的根本问题，而且ERG理论对需求的解释也没能超出马斯洛需求层次理论的范围。

2.三种需要理论

麦克利兰认为，人有三个主要的动机或需要：成就需要、权力需要和归属需要。成就需要看重的是成功本身的成就感而不是成功后的回报，权力需要更关心得到尊重和对他人的影响力，归属需要更关注相互理解和相互体察的关系。三种需要理论忽略了人的其他需要，事实上这三种需要经常同时存在于同一个个体身上，三种需要之间有很强的相关性，很难完全割裂开来。

3. 双因素理论

赫茨伯格的双因素理论认为：保健因素，如工资、公司政策、工作环境、工作关系、工作安全等对应的是不满意或没有不满意；激励因素，如提升的机会、个人成长的机会、认可、责任、成就等对应的是满意或没有满意。他的研究方法和他的理论可靠性都遭到了质疑，人们在顺利时会归因于自己，在失败时会归咎于外部环境，所以并不能证明这些保健因素和激励因素的划分；他的理论必须首先假定满意与生产率之间有很强的联系，但一个人即使不完全喜欢他的工作，也可能会努力做好这项工作，所以我们无法证明保健因素没有激励力；他的研究忽视了环境尤其是环境变化等的影响，我们无法证明这种保健因素与激励因素的区分在不同的环境中、对不同的人都是适用的。

以上的激励理论实际上都是在马斯洛需求层次理论的基础上进行的，虽然它们都力图克服马斯洛需求层次理论的不足，但并没有本质上的超越，它们始终无法解决一个共同的问题：它们都认为激励的基础和前提是人的需要和动机，但是却无法确认人的具体需要，尤其是无法确认最有激励力的需要（最主要的需要）。既然它们无法向人们提供确认主要需要和行为动机的方法，这些理论的实用价值就受到了极大的限制。

（二）行为改造理论

行为改造理论是从分析外部环境入手来研究如何改造并转化人的行为。包括强化理论、归因理论等。

1. 强化理论

强化理论认为人的行为后果对人的后续行为会产生影响，如果某种行为得到肯定和奖励（正强化），这种行为的动因会被加强，相同的行为会重复出现；如果某种行为受到批评、否定甚至惩罚（负强化），相同的行为重复出现的可能性就会很小；如果某种行为既得不到肯定和奖励，也没受到批评和惩罚，而是完全被忽视（零强化），则激情会消退，动力也会消失。

2. 归因理论

归因理论最早是由海德提出的，它是指人们通过对行为的因果推论来改变自我感觉、自我认知，并改变自己的行为。对于成功或失败的行为，人们通常都会分析成功或失败的原因。一般来说，人们将成功或失败归结为以下四种原因：个人的努力程度、个人能力的大小、工作任务本身的难易程度、个人运气与机会的好坏程度。不同的归因对主体的自我效能感和对后续行为的影响是非常大的。如果归因于个人的努力程度，努力会得到继续（成功）或加强（失败）；如果归因于个人能力的大小，自信心会增强（成功）或丧失（失败），但也可能会加强学习，提高自己的能力；如果归因于工作任务本身的难易程度或运气与机会，成功了成功感不强，失败了推卸责任，因为非自己所能掌控，所以对个人努力程度的影响不会太大，但有时会影响自信心。

（三）过程型激励理论

过程型激励理论注重动机与行为之间的心理过程。包括弗鲁姆的期望理论和亚当斯的公平理论。

1. 期望理论

期望理论是美国学者弗鲁姆在1964年所著的《工作与激励》一书中提出的一种激励理论。这一理论通过考察人们的努力行为与其所获得的最终奖酬之间的因果关系，来说明激励的过程。这一理论认为，当人们有需要，又有达到目标的可能，其积极性才高。人们对工作积极性的高低，取决于其对这种工作能满足其需要的程度及实现可能性大小的评价。必须把握如下三种关系：其一，努力与绩效的关系；其二，绩效与奖赏的关系；其三，奖赏与满足个人需要的关系。

只有当人们预期到某种行为能给个人带来有吸引力的结果时，个体才会采取这一特定的行为。有效激励必须处理好这三者之间的关系，首先是努力与绩效之间的关系，人只有预期到努力能够取得相应的绩效才会去做出努力，如果在努力与绩效之间根本没有联系，即使付出了努力也不可能取得预期的绩效，人们就会失去信心、缺乏动力，甚至会自暴自弃。同时努力与绩效之间还有一个匹配的问题，花费很大的努力只能取得很低的绩效，或者取得绩效的难度太大，个体预期超出个人的承受力，也不可能有激励力；但是如果太容易，根本不需要做太多的努力就可以达到，缺乏挑战性，不能给主体带来成就感，绩效本身也就没有了吸引力。其次是绩效与奖赏之间的关系，人的行动是有目的的，对目的的满足实际上就是对努力的奖赏，也是对个人价值的肯定和认可。行动之前对奖赏的预期是行动的重要动因和动力，行动之后奖赏的兑现可以使主体体验到成功的喜悦和被认可的满足。最后是奖赏与满足个人需要的关系，奖赏应该是个体所期待的或对个体有吸引力的，或者说奖赏应该与个人的目标一致或相关。

2. 公平理论

美国心理学家亚当斯的公平理论认为：报酬对积极性的影响不仅来自绝对报酬（即实际收入），还来自相对报酬（即与他人或自己以往相比较的相对收入）。人们总是自觉或不自觉地拿自己与他人进行比较，判断自己的付出和所得与他人的付出和所得，衡量自己是否得到了公平的待遇；人们还经常以自己目前的付出和所得与过去的付出和所得进行比较，判断自己的状况是得到不断改善还是今不如昔。这种比较的结果对人的态度和行为的影响是非常大的。如果感觉得到合理和公平的待遇，就会心理平衡、心情舒畅、工作热情高涨；否则会导致心理失衡，轻则发牢骚、消极怠工或减少投入，重则泄怨气、中伤他人或恶意破坏，有的则是自暴自弃。

四、人力资本理论

人力资本理论是现代经济学中新兴的研究领域。自20世纪50年代末以舒尔茨、贝克尔、明塞尔等人为代表的一些经济学家系统地将传统的资本理论的概念与方法应用于人力因素及其相关行为的分析以来，这一理论领域便迅速地发展起来，并日益显示出勃勃的生机。这从有关人力资本研究的文献与日俱增以及数位涉足此领域的学者荣膺诺贝尔经济学奖的事实，可见一斑。

（一）人力资本投资论

像物质资本一样，人力资本的形成也是投资的结果。1957年，雅各布·明塞尔在他的博士论文《人力资本投资与个人收入分配》中，率先运用人力投资方法研究收入分配，并首先建立了人力投资收益率模型，提出了人力资本获利函数；并在考察在职培训对终生收入模式影响时，提出了"追赶"时期的概念。明塞尔把一个人看作在生命周期的每一刻都在做出人力资本投资的选择。在人力资本收益率模型中，用参加培训或受教育的年数表示人力投资量，那么，一个选择较多人力投资的人，年轻时只能获得较低的收益，但到年老时，则会获得较大的收益回报。模型表明，人力投资量越大的人年收入越高。值得一提的是，在建立人力资本获利函数时，明塞尔便明确将人力投资区分为正规学校教育投资和学校外的教育投资，如在职培训。

之后，加里·贝克尔在明塞尔人力投资收益率模型的基础上发展起完备的人力资本理论。贝克尔结合事实，提出人与人之间在才能和家庭环境等方面存在的差异使事实中的人力资本投资存在差异性。

当然，贝克尔及其后来的人力资本学家也补充了明塞尔的人力资本投资内容，即除了必要的教育与在职培训以外，人力资本投资还包括卫生医疗保健、劳动力流动甚至向境外移民等方面的投资。这其中，教育是起决定性作用的投资形式。

（二）人力资本配置论

人力资本形成之后，它作为一种生产要素，就存在"配置"问题。配置是指一个经济社会或经济主体在既定的经济体制下，对所拥有的资源（或要素）在产出过程中进行的合理分配或安排。人力资本的配置包括部门（或产业）配置、区域配置和技术配置等内容。假定人力资本的形成是均衡的，并处于完全竞争市场之中，则人力资本的供需双方能自由选择、人力资本会自由流动，直至经济达到均衡状态，即前两种配置可在市场中自然完成。至于人力资本的技术配置，是指按照生产（或劳务）的性质和配比的物质资本的技术特征来分配人力资本，简单地说，就是"人尽其才"。可见，这种配置可转换为人力资本与物质资本的配比——契约均衡。人力资本配置的目的是使其效用最大化，即提升人力资本效率。无论是物质资本配置还是人力资本配置，说明其是否最优的一个通用理论仍是新古典经济学的资源配置理论。

然而，人力资本的最显著特点，是不能把人和他所拥有的知识、技术、健康、价值观等相分离，人体是人力资本的自然载体，一切智慧和才能都依附于活生生的人而存在；加之人们不能直接量化一个人所拥有的人力资本数量和质量，因而它难以被测量。由于人力资本相对物质资本的这种非独立性和价值难测性等特征，单纯用一般均衡理论解释人力资本的配置，就显得单薄和不彻底。现代信息理论、委托代理理论、约束和激励机制设计理论等则成为解释它的有力工具。

用信息理论可以度量人力资本的"知识和能力"，从而实现"人尽其才"，即人力资本的信号传递问题。人力资本配置信号传递的早期模型是斯宾塞建立的。在其模型中，劳动力市场中存在着雇员能力的信息不对称，即雇主不知道雇员的真实能力，雇员自己知道。雇主只有通过信号传递机制才能大致了解雇员的知识和能力。在该模型中他证明了雇员的受教育程度可以以一个信号向雇主传递雇员的知识和能力水平，从而实现了分离均衡。

由于知识、潜在能力与实际能力不等价，需要转化，并且这种转化又有程度的高低之分，而教育信号只能大致反映前者，因此需要另一种信号来揭示后者。张维迎教授基于个人财富比经营能力更易于观察的假定，建立了一个以个人财富信号显示其实际能力的模型。模型证明，一个人选择当企业家的临界能力与他个人的资产呈正相关关系，从而给出了观察实际能力的一种方法——财富（或资本）信号。

人力资本配置，实质上是两个所有者之间的契约关系，即现代经济学中的委托人和代理人的关系。其核心内容是委托人在与代理人订立合约时，选择哪些"条款"（信号）才能获得代理人的主要信息（如道德水准、潜在能力等私人信息）；签订合约后，用什么样的约束、激励机制将代理人的行为诱导到委托人希望的轨道：努力工作，从而解决"如何使位置上的人不偷懒"的问题。这又牵涉到劳动者的劳动努力程度、劳动行为和劳动质量等问题，最终归结为劳动绩效的高低问题。

（三）人力资本产权论

人力资本产权是人力资本理论的一个重要研究方向。界定人力资本产权，首先要清楚两个重要概念：产权及人力资本产权的含义。全面地看，产权的含义有五个层次：第一，产权是某个行为主体对某个经济物品、某种稀缺资源或某种可交易对象物的一种排他性权利，即财产权。第二，就某一种财产而言，产权不是单项权利，而是一组（束）权利，包括对财产的所有权、使用权、收益权及处置权等。第三，产权是有主体的，而且有相应的权能及利益，可称为利益主体。对财产的各项权利和职能都是通过利益主体来实现的。产权的利益主体既包括产权的归属主体，也包括产权的各种权利在分解条件下的承担者。产权主体不是单一的，而是多元的。第四，产权是有限的，即产权的外部影响使得产权必须有一个界限。第五，产权是被法律认可的行为关系，即产权主体要通过行使财产权利和职能的行为来实现自身的权利和利益。这种行为既体现产权主体的意志和相应的行为能力，同时也是产权主体获得利益的根据和保障。

人力资本就其本质而言是体现在劳动者身上的智力、知识、经验、技能和健康状况等。如果说劳动者本身是有形资源，那么体现在劳动者身上的智力、知识、经验、技能和健康状况等就是无形资源。因此，可对人力资本产权做如下定义：人力资本产权是指对劳动者在社会化大生产中所体现出的无形资源的所有、使用、收益及处置等权利。

与物质资本产权一样，人力资本产权也是一组权利，包括对人力资本的所有权、使用权、收益权及处置权等。但人力资本和物质资本之间的不同特点，决定了人力资本产权也具有一定的特征。

第一，人力资本产权所涵盖的所有权，只能作用于依附在劳动者身上的无形资源，而不能作用于劳动者本人；对人力资本的处置权，也是对这些无形资源的处置权，而不是对劳动者即人力资本承载者本人的处置权。

第二，人力资本产权主体是多元的，而人力资本承载者本人是人力资本必然的所有者之一。这是由人力资本投资主体多元化以及人力资本承载者是人力资本"天然"投资者所决定的。

第三，并非所有的人力资本投资者都追索对人力资本的产权，如社会或政府对人力资本进行的投资更注重人力资本的社会效益和整体经济效益，着眼于全民素质的提高，属于福利性质的投资；而家庭对于人力资本进行的投资，其"应获"产权自然转移给人力资本承载者本人，至于人力资本承载者对其家庭的贡献则属于道德及相关法律规定的范畴。目前，人力资本产权界定的矛盾主要集中在人力资本承载者与从事功利性质投资的人力资本所有者之间。所谓对人力资本进行功利性质的投资，是指以直接获取经济效益或社会效益为目的的投资，其投资者包括个人、企业和其他社会团体。

第四，人力资本产权的任何主体所拥有的人力资本产权呈现非完整性，换言之，人力资本产权的任何主体都不能拥有完整的人力资本产权。对于非人力资本承载者本人的其他产权主体来说，不可能占有人力资本的智力、健康状况等。对人力资本的使用权还需要人力资本承载者的积极配合，否则其所有权的实现将遇到极大的障碍。对于人力资本承载者本人来说，虽然是人力资本的必然所有者，但其对人力资本的收益权、使用权、处置权必然要受到相关产权主体的制约，譬如使用权，人力资本承载者未经相关产权主体的许可，利用自己的知识、经验、技能为其他主体及自己谋取利益，则要遭受相关产权主体的抵制，甚至惩罚。

第五，人力资本承载者的意志和行为对人力资本产权的实现及效能发挥着决定性作用。人力资本效能的发挥受人力资本承载者本人的主观能动性及积极性的影响，没有人力资本承载者意志和行为的支撑，人力资本的效能无从发挥，任何人力资本产权也就失去了意义。

第六，人力资本产权不可继承性。人力资本任何产权包括所有权、使用权、收益权及处置权将随着人力资本承载者劳动能力的丧失、退休及死亡而失去意义或灭失。

第二章　人力资源规划与工作分析

第一节　人力资源的供给与需求预测

人力资源预测是指在企业的评估和预言的基础上，对未来一定时期内人力资源状况的假设。人力资源预测可分为人力资源需求预测和人力资源供给预测。需求预测是指企业为实现既定目标而对未来所需员工数量和种类的估算；供给预测是确定企业是否能够保证员工具有必要能力以及员工来自何处的过程。

一、人力资源需求预测

人力资源需求预测主要是根据组织战略规划和组织的内外条件选择预测技术，然后对人力资源需求的结构、质量和数量进行的预测。其主要任务是分析组织需要什么样的人及需要多少人。为此，规划人员首先要了解哪些因素可能影响到组织的人力资源需求，然后根据这些因素的变化对组织人力资源需求状况进行预测和规划。

（一）人力资源需求预测的影响因素

"所谓人力资源需求预测是指以企业的战略目标、发展规划和工作任务为出发点，综合考虑各种因素的影响，对企业某一时期所需人力资源的数量、质量和结构等进行预测的活动。"[①]人力资源需求预测所涉及的变量与企业经营过程所涉及的变量是相同的。人力资源需求的影响因素大体可分为三类：企业外部环境、企业内部因素和人力资源自身状况。

1. 外部环境因素

经济环境（社会经济发展状况、经济体制改革的进程）的变化会影响企业

---

① 张海枝. 人力资源管理 [M]. 重庆：重庆大学出版社，2014：46.

对人员的需求。随着社会经济的发展，人们对某些产品和服务的需求会增加或减少，因而会影响到提供相应产品或服务的企业对人员需求的变化。社会、政治、法律等方面的原因也常常导致人员需求的变化。技术变革与新技术的采用也会引起人员需求的变化。一方面，技术的革新使得人均劳动生产率提高，对人员数量的需求可能会减少；另一方面，技术的变革也使需要运用新技术进行工作的岗位出现人员空缺，需要招聘能够掌握新技术的人员。

2. 内部因素

企业的战略规划和发展计划决定企业的发展方向、速度、规模、市场占有率等方面，也会因此影响到对人员的需求。根据对企业生产和销售的预测，可以得出对生产销售人员以及相应的支持人员和管理人员需求的变化。企业业务范围的扩大或者在地域上的扩张，都会导致人员需求数量的增加。企业结构的调整产生新建部门或合并原来的部门，人员需求的数量会随之而发生变化。企业的财务预算也会影响人员需求。如果财务预算比较高，就有条件雇用较多的人员，也可以支付较高的工资，这样就可以招聘到更高素质的人员；如果财务预算紧缩，就只能招聘较少的人员和支付较低的工资。可见，财务预算对招聘人员的数量和质量都有影响。

3. 人力资源自身状况

人员需求的变化可能是由于人力资源自身的因素造成的。例如，老员工的退休、员工辞职、合同终止解聘、意外死亡或疾病、各种原因的休假（病假、产假、探亲假等）都会产生工作岗位的空缺，需要招聘正式或临时员工来补充。

（二）人力资源需求预测的方法

人力资源需求的预测方法总的来说可以分为定性预测方法和定量预测方法。

1. 定性预测方法

（1）经验预测法。经验预测法就是利用现有资料，根据有关经验，结合本公司特点，对公司人员需求加以预测。经验预测法可以采用"自下而上"和"自上而下"两种方式。"自下而上"就是由直线部门的经理向自己的上级主管提出用人要求和建议，征得上级主管的同意；"自上而下"就是由公司高层先拟定出公司总体的用人目标和建议，然后由各级部门自行确定用人计划。最好是将"自下而上"与"自上而下"两种方式结合起来综合运用。先由公司提出人才需求的指导性意见，再由各部门按相关要求，会同各部门确定具体需求；同时，由人力部门汇总确定全公司的用人需求，最后将形成的人员需求预测交由公司审批。这种方法简单易行，在实际工作中应用广泛。

（2）德尔菲法。德尔菲法也被称为专家调查（意见）法，使用该方法的目的是通过综合各专家的意见来进行预测。德尔菲法的特征是：①专家参与预测，充分利用专家的经验、学识；②采用匿名或背靠背的方式，能使每一位专家独立自由地做出自己的判断；③预测过程3～5轮反馈，使专家的意见逐渐趋同。这种预测方法具有可操作性，而且可以综合考虑社会环境、企业战略和人员流动三大因素对企业人力资源规划的影响，因而运用比较普遍。但其预测结果具有强烈的主观性和模糊性，无法为企业制订准确的人力资源规划政策提供详细可靠的数据信息。

德尔菲法应遵循以下原则：①给专家提供充分的信息；②所问的问题应紧扣公司发展；③不要求精确；④使过程尽量简化，不问无关的问题；⑤保证所有专家都能从同一角度理解雇员分类及其他定义；⑥问卷调查的方法一般采用匿名的形式，保证专家能够畅所欲言，同时争取高层管理人员和专家对德尔菲法的支持。

2.定量预测方法

（1）劳动定额法。劳动定额法是根据劳动者在单位时间内应完成的工作量和企业计划的工作任务总量推测出所需要的人力资源数量。

（2）比率分析法。这种方法是根据过去的经验，把组织未来的业务量转换为人力资源的需求的预测方法。具体做法是：先根据过去的业务活动量水平，计算出每一项业务活动增量所需的人员相应增量，再把对实现未来目标的业务活动增量按计算出的比例关系，折算成总的人员需求增量，然后把总的人员需求量按比例折算成各类人员的需求量。

（3）回归分析法。回归分析法是运用数学中的回归原理对人力资源需求进行预测。这种方法通过寻找人力资源需求量和预期影响因素（一种或多种）之间的函数关系，从影响因素的变化推知人力资源需求量的变化。在此方法中，通常将人力资源需求量称为因变量，将影响因素称为自变量。当然，当自变量的个数不同时，只考虑一个影响因素建立的模型，采用线性回归；考虑多个影响因素建立的模型，则要采用多元统计分析方法。单变量趋势外推法：属于一元回归分析，它只是根据整个企业或企业中各个部门过去的人员数量变动趋势来对未来的人力资源需求进行预测，而不考虑其他因素对人力资源需求量的影响。

二、人力资源供给预测

人力资源需求预测只是分析企业内部对人力资源的需求，而人力资源供给预测需要分析企业内部供给和企业外部供给两个方面。内部供给预测需要考虑企业的内部条件，估计经过未来一段时间的调整后，企业内部供给将会怎样。外部供给预测需要考虑企业外部环境的变化，预期劳动力市场满足企业需求的能力。供给预测需要考虑的因素更多、更不可控，只有认识其特点，选取合适的方法，才能增加预测的准确性。

人力资源供给预测是指为了满足企业未来对人员的需求，根据企业的内部条件和外部环境，选择适当的预测技术，对企业未来从内部和外部可获得的人力资源的数量和质量进行预测。第一，预测供给是为了满足需要，不是所有的供给都要预测，只预测企业未来需要的人员；第二，人员供给有内部和外部两个来源，因而必须考虑内外两个方面；第三，应当选择适合的预测技术，用较低的成本达到较高的目的；第四，需要预测出供给人员的数量和质量。

人力资源供给预测是人力资源规划中的核心内容，是预测在某一未来时期，组织内部所能供应的（或经培训可以补充的）及外部劳动力市场所能提供的一定数量、质量和结构的人员，以满足企业为达成目标而产生的人员需求。从供给来源看，人力资源供给分为内部供给和外部供给两个方面。

（一）组织内部供给预测

影响组织内部人力资源供给的因素包括：组织人员年龄阶段分布、职工的自然流失（伤残、退休、死亡等）、内部流动（晋升、降职、平调等）、跳槽（辞职、解聘等）、新进员工的情况、员工能力等。常用的预测方法有以下几种。

1.人员核查法

这是对组织现有人力资源质量、数量、结构和在各职位上的分布状况进行检查，掌握企业拥有的人力资源状况。通过核查，可以了解员工在工作经验、技能、绩效、发展潜力等方面的情况，从而帮助人力资源规划人员估计现有员工调换工作岗位的可能性的大小，决定哪些人可以补充企业当前的职位空缺。为此，在日常的人力资源管理中，要做好员工工作能力的记录工作。

2. 管理人员接替图

这种方法是对现有管理人员的状况进行调查，评价后，列出未来可能的管理者人选，又称为管理者继承计划。该方法被认为是把人力资源规划和企业战略结合起来的一种较有效的方法，在许多公司里运用都取得了较好的效果。

管理人员接替图主要涉及的内容是对主要管理者的总体评价：主要管理人员的现有绩效和潜力，发展计划；所有接替人员的现有绩效和潜力；其他关键职位上的现职人员的绩效、潜力及对其的评定意见。

3. 马尔可夫分析法

这是内部人力资源供给预测的又一种常用方法。其基本思路是通过具体数据的收集，找出过去人事变动的规律，由此推测未来的人事变动趋势。马尔可夫分析实际上是一种转换概率矩阵，使用统计技术预测未来的人力资源变化。这种方法描述组织中员工流入、流出和内部流动的整体形式，可以作为预测内部劳动力供给的基础。尽管马尔可夫分析法在一些大公司已得到广泛应用，但是关于这种方法的精确性与可行性还需要进一步研究。显然，转换矩阵中的概率与预测的实际情况可能有差距，因此，使用这种方法得到的内部劳动力供给预测的结果也就有可能不精确。在实际应用中，一般采取弹性化方法进行调节，即估计出几种概率矩阵，得出几种预测结果，然后对不同预测结果进行综合分析，寻找较合理的结果。

（二）组织外部供给预测

外部供给预测是根据组织生产经营变化和人员自然减员情况，预测劳动力市场上组织所需要的劳动力供给情况。组织职位空缺不可能完全通过内部供给解决。影响组织外部劳动力供给的主要因素有以下方面。

第一，宏观经济形势和失业率预期。一般来说，宏观经济形势越好，失业率越低，劳动力供给就越紧张，招聘工作就越困难。

第二，人口资源状况。人口资源状况决定了组织现有外部人力资源的供给状况，其主要影响因素包括人口规模、人口年龄和素质结构、现有劳动力的参与率等。

第三，劳动力市场发育程度。社会劳动力市场发育良好将有利于劳动力自由进入市场，由市场工资率引导劳动力的合理流动；劳动力市场发育不健全及双轨制的就业政策势必影响人力资源的优化配置，也给组织预测外部人员供给带来困难。

第四，社会就业意识和择业心理偏好。例如，一些城市失业人员宁愿失业也不愿从事一些苦、脏、累、险的工作。再如，应届大学毕业生普遍存在对职业期望值过高的现象，大多数人希望进国家机关、大公司或合资企业工作，希望从事工作条件舒适、劳动报酬较高的职业，而不愿意到厂矿企业从事一般岗位的工作。

第五，本地区的经济发展水平、教育水平、地理位置、外来劳动力的数量与质量、同行业对劳动力的需求等都将直接或间接影响人力资源供给的数量、质量和结构。与内部供给预测一样，外部供给预测也要研究潜在员工的数量、能力等因素，只不过外部供给分析的对象是在组织按照以往方式吸引和遴选时，计划从外部加入组织的劳动力。组织从过去招聘经验可以了解可能进入组织的人员数量、能力、经验、性别和成本等方面的特征，以及他们能够承担组织中的哪些工作。

三、人力资源需求和供给的平衡

组织人力资源需求与人力资源供给相等时，称为人力资源供需平衡；若两者不等时，称为人力资源供需不平衡。人力资源供需不平衡存在三种情况。

（一）过剩型：供大于求

当供给大于需求时，可以采取以下措施从供给和需求两个方面来平衡供需。

第一，扩大经营规模，或者开拓新的增长点，以增加对人力资源的需求。

第二，永久性的裁员或者辞退员工。

第三，鼓励员工提前退休。

第四，停止对外招聘，通过自然减员来减少供给。

第五，缩短员工的工作时间、实行工作分享。

第六，对富余员工实施培训，为未来的发展做好准备。

（二）短缺型：供小于求

第一，外聘员工，这是最为直接的一种方法。

第二，改进生产技术，提高现有员工的工作效率。

第三，延长工作时间。

第四，降低离职率，减少员工流失，同时进行内部调配，增加内部的流动来提高某些职位的供给。

第五，可以将企业的一些业务进行外包。

（三）平衡型：供需总量平衡，但结构不平衡

第一，进行人员内部的重新配置，包括晋升、调动、降职等，来弥补那些空缺的职位，满足这部分的人力资源需求。

第二，对人员进行有针对性的培训，使他们能够从事空缺职位的工作。

第三，进行人员的置换，释放不需要的人员，补充所需要的人员，以调整结构。

总之，人力资源供需平衡就是根据人力资源供需之间可能出现的缺口，采取相应的人力资源政策措施，实现企业未来的人力资源供需之间的平衡。

第二节　人力资源规划的编制与评价

人力资源规划是一种战略规划，是着眼于为未来的企业生产经营活动预先准备人力，持续和系统地分析企业在不断变化的条件下对人力资源的需求，并开发制订出与组织长期发展相适应的人事政策的过程。

一、人力资源规划的编制

（一）人力资源规划的编制原则

第一，必须充分考虑内部、外部环境的变化。人力资源规划只有充分地考虑

内外部环境的变化，才能适应需要，真正做到为企业发展的目标服务。为了更好地适应这些变化，在人力资源规划中应该对可能出现的情况做出预测，包括风险和变化，最好能有面对风险的应对策略。

第二，明确人力资源规划的根本目的，确保企业的人力资源供给。企业的人力资源保障问题是人力资源规划中应解决的核心问题。只有有效地保证对企业的人力资源供给，才能进行更深层次的人力资源管理与开发。

第三，人力资源规划的最终目的是使企业和员工都得到发展，取得预期目标。人力资源规划不仅要面向企业规划，而且要面向员工规划。企业的发展和员工的发展是互相依托、互相促进的关系。如果只考虑企业的发展需要，而忽视了员工的发展，则会阻碍企业发展目标的实现。优秀的人力资源规划，一定是能够使企业的员工实现长期利益的规划，一定是能够使企业和员工共同发展的规划。

第四，优质的人力资源规划是企业内部相关人员共同完成的，而绝非人力资源部单独所能够解决的问题。因此，人力资源部在进行人力资源规划时，一定要注意充分吸收各个部门以及高层管理者的参与，只有这样，人力资源规划才能够符合企业实际并落到实处。

（二）人力资源规划的编制流程

人力资源规划的程序是一个系统性、科学性的过程，它涉及企业未来发展的战略思考、人力资源现状的深入分析，以及未来人力资源需求的精准预测等多个环节。下面将详细阐述人力资源规划的一般步骤。

确定人力资源规划的目标是整个规划过程的起点。企业需要明确自身的战略目标，如扩大市场份额、提升产品质量、降低成本等，进而分析这些目标对人力资源的具体要求。这包括确定所需的人才类型、数量、结构以及素质等，为后续的规划工作提供明确的方向。

收集有关信息资料是人力资源规划的基础工作。这些信息包括企业内部的人力资源现状，如员工数量、结构、素质、流动情况等；外部环境的相关数据，如行业发展趋势、竞争对手的人力资源状况、政策法规变化等。通过对这些信息的收集和整理，企业可以全面了解自身在人力资源方面的优势和不足，为后续的预测和规划提供依据。

人力资源需求预测是规划过程中的关键环节。企业需要根据自身的战略目标和业务发展计划，结合历史数据和未来趋势，预测未来一段时间内对人力资源的需求。这包括对员工数量、结构、素质等方面的预测，以确保企业拥有足够的人力资源来支撑未来的发展。

人力资源供给预测也是必不可少的步骤。企业需要分析内部员工的晋升、转岗、退休等情况，以及外部招聘的可能性，预测未来一段时间内人力资源的供给情况。这有助于企业了解自身在人力资源方面的潜在缺口，从而制订相应的应对措施。

在确定了人力资源的净需求后，企业需要编制人力资源规划。这一规划应明确未来一段时间内企业的人力资源目标、策略、措施和时间表等，为企业的人力资源管理提供具体的指导。

实施人力资源规划是确保规划落地的重要环节。企业需要制订详细的实施方案，明确各项措施的责任人、执行时间和考核标准等，确保规划能够得到有效执行。

人力资源规划评估与反馈修正也是必不可少的步骤。企业需要对规划的实施效果进行定期评估，分析存在的问题和不足，并根据实际情况对规划进行修正和调整。这有助于企业不断完善人力资源规划体系，提升人力资源管理的效率和效果。

综上所述，人力资源规划是一个复杂而系统的过程，需要企业全面考虑自身的发展战略、人力资源现状和未来需求等多个因素。通过科学、合理地进行人力资源规划，企业可以确保自身拥有足够的人力资源来支撑未来的发展，保障战略目标的顺利实现。

二、人力资源规划的评价与控制

企业是处于不断变动的状态下的，发展的各个阶段都需要适合的战略人力资源规划，而且，战略人力资源规划一旦制定，就不是静止不变的，其本身也处于不断发展与调整的状态之中。这具体体现在如下两个方面。

首先，战略人力资源规划的参考信息具有动态性。企业需要根据内外情境的变化和企业自身战略的调整，动态地调整人力资源规划。

其次，对规划的执行要具有灵活性。在执行规划的过程中，也许企业的内外环境会发生一些变化，战略目标也会据此做出相应的调整。因此，具体规划措施是为适应这些调整随时变动的，规划的执行也需要随时进行调整。

（一）人力资源规划评价与控制的特征表现

战略人力资源规划的动态性决定了对人力资源规划的评价与控制是一个动态的过程，对规划操作实施监控的要点是看规划的执行是否达到了预期的目标。

在规划的参考信息不断变化，规划自身不断调整的前提下，对规划执行效果的监控自然就需要具有动态性。基于人力资源规划的动态性，人力资源规划的评价与控制具有如下动态特征。

1.循序渐进性

一般而言，人力资源规划往往是逐步形成的，受到企业竞争战略、人力资源战略等抽象的管理思想和理念的深刻影响。有时候企业或组织遇到无法控制的外部事件或内部因素时，常常会直接或间接地影响企业未来人力资源规划的制订与实施。在企业不断审视已经制订的人力资源规划的过程中，人力资源规划的实施过程就表现出明显的循序渐进的性质。认识到这一点后，企业的管理人员须有意识地用渐进的方式来进行人力资源规划的评价与控制。在具体地施行人力资源规划方案时就带有试验性质，随时准备在适当的时机进行评价与控制。

2.交互联动性

由于对人力资源规划需要进行评价与控制的因素是多种多样且相互影响的，而且人力资源规划本身就是一项与外界信息有着密切联系、不断相互交流以及充分运用内外部信息的实践活动。这种交互联动性就要求企业在制订和设计本企业的人力资源规划时，既要避免闭门造车，根本不分析内外部环境的变化，也需防止随风倒、随大流现象的出现。

3.系统性

人力资源规划的评价与控制是人力资源规划的重要功能系统，是人力资源规划一系列子系统中的一个环节。人力资源规划的评价与控制系统在很多重要方面有赖于人力资源规划的其他功能系统，同时，人力资源规划评价与控制功能系统也对人力资源规划的其他功能系统产生深刻的影响。这就要求人力资源规划的逻辑形式十分完善，在实施人力资源规划的评价与控制时，无论在明确问题、注意概念修订、试验分析，还是产生集体意见、制定措施和针对控制等各个阶段都必须树立起系统的观念，相互间往往是制衡的，不大可能取得局部上的最优解。在细节上有时很难达到全面完整，完美无缺的人力资源规划也是不存在的。有时为了保证人力资源规划具有一定的柔性和灵活性，模糊处理的结果就有赖于人力资源规划评价与控制的有力监督和保障。

（二）人力资源规划动态调整措施与应变手段

针对变化了的外部人力资源条件和内部劳动力的需求变化，企业将对自身的战略进行调整，根据调整了的企业战略，人力资源规划也将进行相应的调整，因此，企业在上述各步骤的基础之上，应积极主动采取相应的修整措施或应变手段。

企业采取的修整措施与应变手段往往为以下三种方式。

1.常规方式

企业按照以前程序性的处理方法来对付出现的差异，这种方式也是企业在实施人力资源规划监控与评估时采用最多的一种方式。采用这种方式的前提是执行过程中出现的问题属于以往也出现过的常见问题，或者说是执行过程中必然会出现的问题。比如，裁员后出现的员工士气变化的问题。这类问题是执行裁员决策时出现的正常并常见的问题，只要不出现影响企业稳定性的剧烈变动，都可以用常规方式来解决。

2.专题解决方式

高级经理人专门针对人力资源规划实践中出现的问题或者机会进行专题分析、突击解决。此方法能做到反应迅捷。对于一些难点问题，或者涉及企业战略层面的问题，比如内外环境的变动引起了企业战略的调整，这类问题就需要高级经理人甚至企业最高层与人力资源部门一起进行专题研究，共同商讨恰当的方法来解决。

3.专家模型方式

企业根据其他企业实施人力资源规划的经验和本企业的具体情况，企业有关专家对可能出现的问题建立专家应急模型，当有关问题真的出现时，企业能及时响应。对于一些出现的不可预料的情况，依靠常规解决方法以及企业自身力量很难解决的时候，可以考虑外部人力资源的使用，如聘请专家团队进行应急处理。综合考虑专家、企业高级经理人和人力资源部的意见，形成应急解决模式。

这种应变手段是指企业在进行人力资源规划监控与评估过程中，在出现最严重问题和困难时，企业需备有应变手段。这种手段实际是一种补救措施，可以帮助高级经理人处理棘手或不熟悉的情况。

在实践中，我们必须时刻把握人力资源规划最核心的特性——动态性，企业的人力资源规划不是设计未来的发展趋势，而是顺应与尊重现实以及未来的发展趋势，面对瞬息万变的信息和技术革新，纷繁复杂的市场需求，改变在管理上、经营上有应变和适应上的滞后现象。因此，必须在实际工作中注意跟踪环境和要求的不断变化，灵活调整和完善企业的人力资源规划，这样才能保障人力资源规划的科学性、可行性和动态发展性。

第三节　工作分析的内容、程序及方法

一、工作分析概要

工作分析也称为职务分析，还称为职位说明。简单地说，"工作分析是对某特定的工作做出明确规定，并确定完成这一工作所需要的知识技能等资格条件的过程"。[①]具体来讲，工作分析是通过对工作信息的收集与开发，来确定完成各项工作所需的技能、责任和知识的系统过程，即按照工作内在的本质要求，来确定完成各项工作所需的职责、技能和知识，安排适当的人。它需要对每项工作的内容进行清楚准确的描述，对完成该工作的职责、权力、隶属关系、工作条件提出具体的要求。工作分析是一种重要而普遍的人力资源管理技术，是所有人力资源管理工作的基础。

（一）工作分析的目的与意义

1.工作分析的核心目的

工作分析的核心目的是提高生产效率。具体来说，工作分析的主要目的是：

---

① 宋岩，彭春凤，臧义升.人力资源管理 [M].武汉：华中师范大学出版社，2020：41.

促使工作的名称与含义在整个组织中表示特定而一致的意义，实现工作用语的标准化；确定工作要求，以建立适当的指导与培训内容；确定员工录用与上岗的最低条件；为确定组织的人力资源需求、制订人力资源计划提供依据；确定工作之间的相互关系，以利于合理的晋升、调动与指派；获取有关工作与环境的实际情况，利于发现导致员工不满、工作效率下降的原因；为制订考核程序及方法提供依据，以利于管理人员执行监督职能及员工进行自我控制；辨明影响安全的主要因素，以及时采取有效措施，将危险发生的可能性降至最低；为改进工作方法积累必要的资料，为组织的变革提供依据。

2. 工作分析的现实意义

工作分析不但是人力资源开发与管理中的一种手段，也是整个组织管理系统中的方法与技术，整个人力资源开发与管理的奠基工程，在人力资源开发与管理过程中具有十分重要的意义。主要表现在以下几个方面。

（1）为各项人事决策奠定了坚实的基础。有了工作分析，企业的各级管理人员不论是选人、用人，还是育人、留人都有了科学依据。

（2）对人员能力、个性等条件进行分析，使人尽其才。工作分析的结果可以使人员的使用在"合适的时候把合适的人放在合适的岗位上"，避免"大材小用，小材大用"的现象发生。

（3）通过对工作职责、工作流程的分析，"才能尽其职"。避免人力资源的浪费，提高工作效率。

（4）通过对工作环境、工作设备的分析，人与机器相互配合，更好协调，使才能尽其用，职能尽其用，以完成组织的目标。

（5）能科学地评价员工的业绩，有效地激励员工。通过工作分析，了解员工与岗位各方面的信息，有助于科学地选拔员工、考核员工、奖励员工，达到激励的目的。

（二）工作分析的基础内容

工作分析的基础内容可归纳为以下四个方面。

首先，工作内容方面（即做什么），包括工作中所有的体力劳动和脑力劳动及两者不同程度的结合。

其次，在工作方法方面（即怎么做），涉及如何完成工作，需要采用何种方法，使用哪些工具、材料、仪器或设备以及遵循的程序、执行的标准或惯例等。

再次，在回答工作的目的与原因方面（即为什么做），回答了为什么是这样做而不是那样做，并作检验，以证实这样做而非那样做的有效性。

最后，在工作过程与结构设计方面（即完成工作的过程有哪些环节和要素），这是工作分析的关键，其中表明了工作任务及其完成的难易程度，过程中涉及工作行为和胜任特征等。

（三）工作分析在人力资源管理中的基础性作用

工作分析从最初的仅仅为了工艺流程的设计和人员的招聘发展到了应用工作分析的结果进行绩效考核、培训、薪酬管理等，越来越多的企业认识到了工作分析对企业管理的作用和意义，受到了企业的重视与欢迎。通过对工作本身、职务本身及工作职责的分析以及对任职者在知识、技能和能力方面的要求分析确定的职务描述和任职资格，被广泛地运用到人力资源管理的各项工作中。

工作分析在人力资源管理中的基础性作用如下。

第一，工作分析在人力资源规划中的应用。管理者借助工作分析获得的信息进行人力资源规划，制订有效的计划，以保证组织内部有足够的人员来满足企业战略规划对人力资源的需要。

第二，工作分析在招聘中的应用。工作分析提供的信息包括：某职位的工作职责；为了完成这些职责，任职者应该具备哪些知识、技能与能力等。这些信息可以帮助管理者决定应当招募和雇用怎样的人。同时，明确的工作描述可以使求职者进行自我评价，确定自己能胜任的工作。此外，招聘广告中的职位名称直接来源于工作说明书，而且主要工作内容是来自工作说明书中的"职责范围"部分。由于招聘广告的版面限制，管理者需要从工作说明书中提炼出最主要、最关键的职责。

第三，工作分析在培训中的应用。工作分析能够帮助企业设计积极的人员培训和开发方案。根据胜任力素质的"冰山模型"，任职资格说明的内容主要包括两个部分：一部分是浮于水面上的内容，如知识、技能等，这部分与个性无关；而另一部分则位于水面之下的冰山，主要包括自我形象、内驱力、社会动机等，在任职资格说明中主要体现为素质要求中的个性特征部分，如责任心、外向性、灵活性等。在这两个部分中，前者较为容易改变，而后者较为稳定和固化，难以改变。培训应该主要针对前者。此外，管理者应该对比培训的成本与收益。对比任职资格说明和任职者之间的差距是找到培训需求点的主要手段。

第四，工作分析在绩效评价中的应用。绩效评价是将员工的绩效和预先设定的工作要求进行对比，从而判断员工是否完成工作职责的过程。工作分析为绩效考核的内容、指标体系和评价标准的确立提供依据，是绩效考核的前提。绩效考核的关键是确立考核指标，而考核指标来自工作分析所获得的关于工作目的、职责和任务等方面的信息。这种模式下的考核指标的提取，要求管理者先进行科学的工作分析，准确界定各工作的目的和职责，然后根据每一项工作职责要达成的目标来提取业绩标准。工作分析为企业制订考核、晋升和作业标准起到重要作用。

第五，工作分析在薪酬管理中的应用。在确定从事某一工作的员工的工资水平时，其工作的价值是一个重要的考核因素。这种价值要根据该项工作对员工的要求来确定，如技能、职责以及工作条件和安全程度等。工作分析中对工作的描述和员工的要求可以作为测量工作价值的参考标准，因此工作分析能够帮助企业建立先进、合理的工作定额和报酬制度。

第六，工作分析在职业生涯管理中的应用。职业生涯管理是将员工的技能和愿景与组织内已经存在或将要出现的机会匹配起来，从而实现企业和员工共同发展。通过对每一个职位对员工的要求进行职业生涯管理，才能保证让每一个员工都从事自己能够胜任同时也感到满意的工作。因此，工作分析有助于企业帮助员工进行职业咨询和职业指导。

二、工作分析的一般程序

（一）准备工作

明确组织战略是进行工作分析的第一步，它会确定工作分析的总方向。值得注意的是，如果组织近期会有战略方面的大规模调整，则不适宜进行工作分析。

在工作分析的准备阶段，首先是选择合适的工作时机。就是说明什么时候要开始考虑开展工作分析活动，公司的组织体系一般会发生变化；部门职能与岗位职责增加或者减少；岗位设置发生调整；工作流程、标准、方法、生产组织方式等发生变化；工作中出现责任不明确等情况时，就可以进行工作分析，展开对工作说明书的修订工作。接下来需要制订工作分析的工作计划来厘清工作分析程序，这样有助于工作分析活动的有序开展。这阶段的最后一步是组建工作小组，实际操作中通常成立工作分析小组来完成整个操作，工作分析的人选必须对企业的组织结构和业务性质有全面的认识，具有分析问题的技巧和能力，有运用文字的能力，并能取得企业领导的信任且能与全体员工开展合作。根据以上对人选的要求，小组中应包含高层领导、工作分析人员、外部专家和顾问等。

（二）搜集工作信息

准备阶段完成以后，需要进行工作信息的搜集，确定搜集职位分析信息的方法。

首先，选择合适的方法搜集职位分析的信息是非常重要的。在选择方法时，管理者应该充分考虑方法的可行性和工作分析的目的，如采用访谈法获取信息，优点是操作方便快捷、较理想的可控性和较低的操作费用，并能大体上了解被调研对象的基本情况。

其次，准备信息搜集所需要的各种表格、问卷、录音录像设备等必要的物品与文件。信息搜集方面主要搜集确定工作分析的工作岗位过去、现在已经产生的相关信息及未来可能会产生的相关信息，包括工作本身的信息及从事该项工作的工作者信息。同时需要注意工作分析中的风险，这些风险主要来源于工作分析过程中各成员的配合问题风险、受调研工作岗位人员的支持风险及信息的准确性风险等。

最后，工作分析需要得到高层领导的支持和协助；同时，人力资源部门人员在有待分析的工作上缺乏足够的专业知识，所以他们也必须谋求实际任职者及其主管的支持，以搜集和诠释有关的信息。

（三）形成分析结果

工作分析结果的形成阶段包含信息分析、描述与编制、审核与批准及工作分析结果的形成。信息分析的主要任务是对调查阶段所获得的调查材料进行全面深入的分析，包含两个方面的内容：一是整理分析资料，将有关工作性质与功能调查所得资料，按照编写工作说明书的要求对各个职位的工作信息进行加工整理并剔除无效的访谈结果和调查问卷整理分析，分门别类地编入工作说明书与工作规范的项目内。二是审查资料，工作分析小组的成员要一起对所获得的工作信息的准确性进行审查修改，并最终确定所搜集的工作信息的准确性和全面性，作为编写工作说明书的基础。描述与编制的主要任务是在上述阶段任务完成的基础上，运用科学的方法创造性地揭示各职位的主要内容和关键因素，归纳总结出工作分析的必需材料和要素，编制工作说明书和工作规范。在实践中，将职位描述和任职资格要求合并为一份工作说明书是通用的做法。审核与批准是将编制好的工作说明书和工作规范向上级汇报，经审核确定批准后实施。工作分析结束后的直接结果之一——职位说明书，包含两部分内容：一是职位描述；二是职位规范。

职位描述，也称为工作描述，主要是对工作环境、工作要素及其结构关系等相关资料的全面记录与说明。职位规范又叫工作规范、资格说明书，主要是对任职资格与相关素质要求的说明。

三、工作分析的方法类别

工作分析方法很多，本书仅介绍最重要、最常见的方法。我们将工作分析的方法划分为定性分析方法与定量分析方法。定性分析方法包括访谈法、问卷调查法、观察法、工作日志法、关键事件法等传统经典的分析方法；定量分析方法主要是职位分析问卷法、管理职位描述问卷法。

（一）定性分析方法

1.访谈法

访谈法是指通过与员工和管理者面谈交流，获取有关工作信息的方法。访谈法是目前国内企业中运用最广泛、最有效的工作分析方法。访谈时，访谈人员就某一岗位与访谈对象按事先拟订好的访谈提纲进行交流和讨论。

（1）访谈提纲。

工作目标：组织为什么设立这一职务，根据什么确定职务的报酬。

工作内容：任职者在组织中有多大的作用，其行动对组织产生的效果如何。

工作的性质和范围：这是访谈的核心，包括该工作在组织中的关系，其上下级职能的关系，所需的一般技术知识、管理知识、人际关系知识，需要解决的问题的性质及主动权。

所负责任：设计组织、制定战略政策以及系统的控制与任务执行等方面。

（2）运用访谈法需要注意的问题。

第一，访谈者的培训。做分析访谈是一项系统性、技术性的工作，因此在访谈准备阶段应对访谈者进行系统的工作分析理论与技术培训。

第二，事前沟通。在访谈前一星期左右事先通知访谈对象，并以访谈指引等书面形式告知其访谈内容，使其提前对工作内容进行系统总结。同时注意须通过被访者认可的方式与他们建立起融洽关系，这有利于获得访谈对象的支持与配合。

第三，沟通技巧。访谈过程中，访谈者应与被访谈者建立并维持良好的互信和和睦关系，应当以一张具有指导性的问卷或提纲适当地运用提示、追问、控制等访谈技巧来提问，这样做可以把握访谈的节奏，确保被访谈者回答应该回答的问题，防止访谈中"一边倒"现象的发生。但是，要允许被访谈者在回答问题时有一定的发挥余地。

第四，访谈对象。与从事该工作的每个员工交谈；与对工作较为熟悉的直接主管人员交谈；与从事相同工作的员工群体交谈；与该职位工作联系比较密切的工作人员交谈；与任职者的下属交谈。为了保证访谈效果，一般要事先设计访谈提纲，事先交给访谈者准备。

第五，在面谈完成后，要与被访谈者本人或其直接上级主管一起对所获得的资料进行检查与核对。

2. 问卷调查法

问卷调查法是指员工通过填写问卷来描述其工作中所包括的任务和职责，是根据工作分析的目的、内容等事先设计一套调查问卷，由被调查者填写，再将问卷加以汇总，从中找出有代表性的回答，形成对工作分析的描述信息。问卷调查法是工作分析中最常用的一种方法，最大的优点是可以快速高效地从一大群员工中获取大量的信息。

问卷调查法的关键是问卷设计，主要有开放式和封闭式两种形式。开放式调查表由被调查人自由回答问卷所提问题；封闭式调查表则是调查人事先设计好答案，由被调查人选择确定。

问卷调查法的流程包括五个环节，即问卷设计、问卷测试、样本选择、问卷发放与回收、问卷处理与运用。

操作注意事项：①问卷设计应该科学合理，这是调查成败的关键；②对问卷中的调查项目要做统一的说明，如编写调查表填写说明；③应该及时回收问卷调查表，以免遗失；④对调查表提供的信息做认真的鉴别和必要的调整。

3. 观察法

观察法就是岗位分析人员在不影响被观察人员正常工作的条件下，在工作现场运用感官或其他工具，通过观察员工的工作过程、行动、内容、特点、工具、环境等，将有关工作的内容、方法、程序、设备、工作环境等信息用文字或图表形式记录下来，最后将取得的信息归纳整理为适合使用的结果的过程。

利用观察法进行岗位分析时，应力求观察的结构化，根据岗位分析的目的和组织现有的条件，事先确定好观察的内容、观察的时间、观察的位置、观察所需的记录单等，做到省时高效。观察法又分为直接观察法、阶段观察法、工作表演法三种方法。

观察法的流程包括三个阶段，即观察前的准备阶段，包括检查现有文件，形成工作的总体概念：工作的使命、主要职责和任务、工作流程。准备一个初步的观察任务清单作为观察的框架。观察现场与记录阶段，即在部门主管的协助下对员工的工作实施观察并适时做好记录。数据整理、分析与应用阶段：将观察获得的有关信息，与其他工作分析信息合并整理分析形成完整精确的工作描述。

注意事项：①注意所观察的工作应具有代表性。②观察人员在观察时尽量不要引起被观察者的注意。在适当的时候，工作分析人员应该以适当的方式将自己介绍给员工。③观察前应确定好观察计划，计划中应含有观察提纲、观察内容、观察时刻、观察位置等。④观察时思考的问题应结构简单，并反映与工作有关内容，避免机械记录。⑤在使用观察法时，应将工作分析人员用适当的方式介绍给员工，使之能够被员工接受。采用观察法进行岗位分析结果比较客观、准确，但需要岗位分析人员具备较高的素质。当然，观察法也存在一些弊端，如不适用于工作循环周期很长的工作，难以收集到与脑力劳动有关的信息。

4. 工作日志法

工作日志法又称为工作活动记录表，是让员工用工作日记的方式记录每天的工作内容和工作过程等工作活动，通过填写表格，提供有关工作的内容、程序和方法，工作的职责和权限，工作关系以及所需时间等信息，作为工作分析的资料，然后经过工作分析人员的归纳、提炼，获取所需工作信息的一种工作分析方法。这种方法可以提供一个非常完整的工作图景，在已经连续同员工及其主管进行面谈作为辅助手段的情况下，这种工作信息搜集方法的效果会更好。当然，员工可能会夸大某些活动，同时也会对某些活动低调处理。然而，无论如何，详细地按时间顺序记录的流水账会减少这种不良后果的发生。

工作日志法的流程包括三个阶段，即准备阶段、日志填写阶段、信息整理分析阶段。

工作日志法是来源于任职者的单向信息的搜集方法，这容易造成信息缺失、理解误差等系统性或操作性错误。因此在实际操作过程之中，工作分析人员应采取措施加强与填写者的沟通交流，削弱信息交流的单向性，如事前培训、过程指导、中期辅导等。

5. 关键事件法

关键事件法（Critical Incident Technique，CIT）是针对某一工作中重要的、能导致该工作成功与否的任务和职责要素，将能反映不同绩效水平的、可观察到的行为表现进行描述，作为等级评价的标准进行评定的技术。也可用于绩效评价。关键事件法的主要原则是认定员工与工作有关的行为，这种方法考虑了工作的动态特点和静态特点。其做法是首先从领导、员工或其他熟悉工作的人那里搜集一系列能反映其绩效好坏的"关键事件"，即对岗位工作任务造成显著影响的工作行为的事件，然后将其归纳分类为描述"特别好"或"特别坏"的工作绩效，这样就会对岗位工作有一个全面的了解。可以说，关键事件法是为工作分析提供最为真实的客观资料与定性资料的唯一方法，这种方法现在已经在非结构化的工作分析中得到广泛应用。

关键事件的描述包括：导致该事件发生的背景、原因；员工有效的或多余的行为；关键行为的后果；员工控制上述后果的能力。其在绩效维度表现上包括两个方面：一是从关键事件来定义绩效维度，二是在编写范例之前确定维度。关键事件法直接描述工作中的具体活动，可提示工作的动态性；所研究的工作可观察、衡量，故所需资料适用于大部分工作。但采用关键事件法搜集那些关键事件，并加以概括和分类需要花大量的时间，并且对关键事件的定义针对的是显著地对工作绩效有效或无效的事件，这就遗漏了对工作来说最重要的平均绩效水平。利用关键事件法难以涉及中等绩效的员工，因而全面的工作分析就不能完成。所以，采用关键事件法进行岗位分析时，应注意三个问题：调查期限适当延长；关键事件的数量尽量多且有代表性，应足够说明问题；正反两方面的事件都要兼顾，不宜有偏颇。

以上各种方法是工作分析定性方法，也是常用的基本方法，各方法有利有弊，每个组织在进行工作分析时，并不是单纯使用一种方法来进行，而是根据组织的实际情况，权衡各方法的优缺点，综合来运用。

（二）定量分析方法

1.职位分析问卷法

（1）职位分析问卷法概述。

职位分析问卷法（Position Analysis Questionnaire，PAQ）是以人为基础利用计算机辅助的系统性职位分析的方法，其结构严谨规范，是目前使用普遍、比较流行的人员导向职务分析系统。

问卷总共有194个项目，每个项目都代表了可能在某个职位中起作用也可能不起作用的基本要素。其中187项被用来分析完成工作过程中员工活动的特征（工作元素），另外7项涉及薪酬问题。所有的项目被划分为信息输入、思考过程、工作产出、人际关系、工作环境、其他特征6个类别，PAQ给出每一个项目的定义和相应的等级代码：①信息输入——任职者从何处获得以及如何获得完成工作所必需的信息，包括工人在完成任务过程中使用的信息来源方面的项目；②思考过程——任职者在完成工作任务时需要进行的推理、决策、计划以及信息加工等心理过程；③工作产出——任职者在执行工作任务时所发生的身体活动，以及使用的工具、设备等并识别工作的"产出"；④人际关系——任职者在执行工作任务时需要与他人发生的工作关系；⑤工作环境——任职者执行任务时所处的物理环境和社会环境；⑥其他特征——前面未描述的与执行任务相关的其他活动。

（2）职位分析问卷法的运用。

职位分析问卷的填写要在访谈的基础上由专业工作分析员填写。有以下三种运用较多的工作分析报告形式：一是工作维度得分统计报告，目标工作在 PAQ 各评价维度上得分的标准化和综合性的比较分析报告；二是能力测试估计数据，通过对职位信息的分析，确定该职位对任职者各项能力（GATB 系统）的要求，并且通过与能力水平常模的比较，将能力测试预测分数转化为相应的百分比形式，便于实际操作；三是工作评价点值，通过 PAQ 内在的职位评价系统对所收集的岗位信息进行评价，确定职位的相对价值，通过这些相对价值，确定组织工作价值序列，作为组织薪酬设计的基础架构。

根据项目的归类不同，评价时采用六个计分标准：信息使用程度、工作所需时间、对各个部门以及各部门内各个单元的适用性、对工作的重要程度、发生的可能性，以及特殊计分。在应用 PAQ 时，工作分析人员要依据六个计分标准对每个工作要素进行衡量，给出评分。同时，在使用 PAQ 时，工作分析人员需用六个计分标准对所需要分析的职位一一进行核查，核实职位在每个工作要素上的得分情况。PAQ 对以确定薪酬等级为目的的工作分析非常有用。在确定了每一个职位的总体得分后，工作分析人员就可以依据得分衡量不同职位的相对价值，进而可以确定每一个职位的薪酬等级。

（3）职位分析问卷法的优缺点比较。

优点体现在三个方面：一是同时考虑员工与工作两个变量因素；二是将工作分成不同的等级，用于进行工作评估以及人员的甄选；三是不需修改就可用于不同组织、不同工作，所以比较各种组织间的工作更加容易。而 PAQ 的缺点主要有两个方面：一是对受试人的理解和阅读能力要求较高，耗时并且必须由受过专业训练的工作分析员填写问卷；二是 PAQ 的标准化和通用化格式导致了工作特征的抽象化，不能描述实际工作中特定的、具体的任务活动。

2. 管理职位描述问卷法

所谓的管理职位描述问卷法（Management Position Description Questionnaire, MPDQ）指利用工作清单专门针对管理职位分析而设计的一种工作分析方法。它是一种管理职位描述问卷方法，也是一种以工作为中心的分析方法，这种问卷法是对管理者的工作进行定量化测试的方法，涉及管理者所关心的问题、所承担的责任、所受的限制以及管理者的工作所具备的各种特征。

与其他问卷形式相似的是管理职位描述问卷法在某种程度上降低了主观因素的影响；同时其最终报告以大量图表形式出现，信息充足，简单易懂，提高了人力资源管理的效率。但因为MPDQ的结构化项目导致该方法的灵活性不足；另外，在衡量我国管理职位工作情况时，由于各种管理分析维度是在对外国管理人员进行实证研究基础上形成的，因此必将有一个"本土化"的修订过程。

（三）基于互联网的工作分析方法

1.通过互联网从员工那里收集信息

以上提到的问卷调查法、访谈法等都有自身的缺陷。比如，访谈法和观察法非常消耗时间，比如对连锁企业或联合企业而言，从地理位置分散的员工那里收集信息也是一大挑战。

因此，借助互联网进行工作分析成了很好的解决方案。越来越多的企业选择通过互联网或者企业的内部网来收集工作分析所需要的信息。比如，企业可以通过自己的内部网向不同区域的员工发布标准化的调查问卷，并附上填写问卷的指导说明，同时强调问卷回收的日期。值得注意的是，在使用这种方式进行工作分析时，企业向员工提供的说明应该是非常清楚的，且应尽量避免模糊点。因为员工在独立完成问卷的过程中，缺乏相关专业人士的指导，可能会遗漏一些重要内容。

2.通过互联网编写工作说明书

从前期准备到收集工作分析的相关信息，再到利用相关信息编制工作说明书，这是一个漫长且高成本的过程。现在，越来越多的企业选择利用互联网来编写工作说明书。职位信息网设计的初衷是为求职者提供帮助，它对职位承担者清晰的要求可以使求职者自评能胜任哪些工作，从而能快速找到合适的岗位。如果求职者想要申请更加复杂的工作，还可以通过这个系统了解自己的理想工作对员工的要求，从而精准地定位自己欠缺的能力，为日后的努力确定方向。越来越多的企业开始认识到这一网络系统对自己的价值。它们可以直接从职位信息网上获取工作职责与对任职者的要求，再根据自己的需要生成一份个性化的职位描述。

第四节 工作分析结果及其表现形式

工作分析是通过一系列技术方法来获取工作和与工作者相关信息的，这些信息如何表现就成为一个重要的内容。本节分别阐述工作描述、工作规范和工作流程的内容和编制方法。

一、工作描述

按业界普遍的共识，工作描述是工作分析的直接结果，是对工作本身相关信息的描述，主要包括工作标识项目、工作概要、工作职责和绩效标准、工作权限、工作环境、工作压力等项目。

对于公司中具体的中高层管理职位和专业技术人员，通常使用职位描述（或岗位描述），而日常性工作则使用工作描述，同时可以专门针对管理职位进行职务分析，得到职务说明书。需要注意的是，工作描述（或职位描述、岗位描述）一般只包括和工作本身相关的信息，因此又可称为工作说明书。

工作描述的内容分为核心项目和可选项目两种。核心项目是任何一份工作描述都必须包含的部分，这些内容的缺失，会导致我们无法对本职位与其他职位加以区分。例如工作标识、工作概要、工作职责和工作关系。可选项目并非是任何一份工作描述所必需的，可由职位分析专家根据预先确定的工作分析的具体目标或者职位类别，有选择性地进行安排。例如工作环境、工作权限、履行程序、工作范围、职责量化信息、工作负荷等。

（一）工作标识项目

工作标识是关于职位的基本信息，是一个职位区别于其他职位的基本标志。通过工作标识，可以向职位描述的阅读者传递关于该职位的基本信息，使其能够获得对该职位的基本认识。除了关于职位的基本信息之外，在该部分还常常有关于职位分析的时间、人员、有效期等内容。

属于职位信息的有职位名称、职位代码、所在部门和直接上级的职位名称、工作地点和场所、现任任职者的姓名、该职位的职位等级、该职位的薪点范围等。属于职位分析基本信息的有职位分析的时间、职位说明书的有效期、职位分析员人名或代码等。

1.职位名称

职位名称反映工作主要职责内容，并指明在组织中的等级。例如"人力资源部经理"这一职位名称，包含两个方面的含义，一是工作职责内容是人力资源管理领域，二是职位在组织中的级别为部门经理级。职位名称在确定时不仅要能说明工作职责内容和职位级别，还要满足两个基本原则：一是要尽可能标准化，也就是符合行业约定俗成的称谓习惯，例如一般的职员我们可称为"××专员"，具有管理职能的可称为"××部长""××主管"或者"××经理"；二是要进行美化处理，例如，理发工作人员的名称在管理实践中就发生了较大变化，从剃头匠到理发师，再到美发师，再到发型设计师。

2.职位代码

一般的组织中每一个岗位都有一个编码，称为工作代码或者职位代码。代码可以根据组织自身特点和需求进行编码。例如，人力资源副总可用代码"H0003"，人力资源部经理可用"M0003"，代表高层和中层管理人员的差别。也可用汉语拼音和数字组合。例如，行政部部长可用"XZ001"。数字位数取决于岗位数量多少。

3.所在部门和直接上级的职位名称

所在部门表达了该职位所属部门，直接上级明确了职位的隶属关系。需要注意的是，直接上级是指直接上级职位，而非职位的任职者。例如，招聘专员这一职位所属部门为"人力资源部"，直接上级为"招聘主管"。同时，需要注意的是，这里所指的是"直接上级"，必须是在职位体系中直接位于该职位上一级的职位，也就是说适用于直线型管理模式下的界定范围；但是在人力资源管理实践中，可能会存在多位领导，而直接上级非单一的情况，因此需要梳理组织结构和职位体系。

4.工作地点和场所

工作地点和场所表达了该职位任职者在工作时通常所处的地理位置和场所。需要注意的是，这里的"工作地点和场所"只是表达通常的地理位置和工作场所，而不是指工作环境中可能会提到的特殊工作场所。例如工作场所为"×××公司海淀区店"，而不是"高空""井下""户外"等情况。

（二）工作概要

工作概要即工作的概括性陈述，描述的是工作的基本任务和目标，即回答what和why的。通过工作概要可以让职位说明书的阅读者了解和掌握工作的基本信息，可以熟悉职位的主要工作内容和意义。

工作概要如何陈述才能表达工作的基本任务和目标，这就涉及工作概要编写的格式。在人力资源管理实践中，工作概要的编写格式有很大自由度。一般的，可以采用如下格式编写："工作目的＋工作行动（或包括工作对象）＋工作依据"。

工作目的表达的是工作最终要实现什么。例如，"实现公司人力资源价值的充分发挥""确保公司生产任务的完成""提高公司不断创新的能力"等。工作行动（或包括工作对象）则表达要想实现工作目的，需要实施什么样的行为。例如，"进行人力资源合理配置""制订生产计划并监督生产过程""整合研发团队"等。工作依据要表达的是工作行为实施的依据。例如，"根据公司业务运营调整和发展要求""根据产品生产总量和质量要求"等。例如销售部经理的工作概要可如下陈述："根据公司的销售战略定位，利用和调动销售资源，整合销售组织和监管销售过程，维护和开拓客户与市场，以促进公司经营目标和销售目标的实现。"

（三）工作职责

工作职责是指工作的职能和责任，是工作描述中最为重要的内容，详细、具体地表达了该工作的工作内容，是对该工作深入介绍的关键性内容。

作为一项工作职责进行表述时，工作职责必须满足以下五项基本特征：①完备性。它表达了该职位所要取得的所有关键成果。②成果导向。它以成果为导向，而非以过程为导向。即它要表达的是该职位要完成什么工作，以及为什么要完成这些工作，而非如何完成这些工作。③稳定性。工作职责仅仅包含该职位稳定性的工作内容，而不包含上级临时授予的、动态性的工作内容。④独立性。每一项工作职责都直接指向一个唯一的工作成果，不允许职责与职责之间的交叉与重叠。⑤系统性。同一职位的若干项工作职责之间必然存在着某种逻辑关系，而非任务的简单拼凑与组合。

在陈述工作职责时，可采用"动词＋名词＋目标"或者"工作依据＋动词＋名词＋目标"的编写规则。例如，"启动计算机""分析数据资料""演示课件"等。这里的动词一般是指具有实际动作含义的词语，例如起草、搬运、操作等，所以必须避免采用模糊性的动词，如"负责""管理""领导"等。这里的名词一般是动作的对象，在表达动作对象数量时，必须尽量避免采用模糊性的数量词，如"许多""一些"等，而尽可能表达为准确的数量。另外必须尽量避免采用任职者或其上级所不熟悉的专业化术语，尤其要尽量避免采用管理学专业的冷僻术语；如确实有采用术语的必要，须在职位说明书的附件中予以解释。当其存在着多个行动和多个对象时，如会在行动动词和对象之间的关系引起歧义，就需要进行分别表述。在对工作职责进行陈述时，要将各项职责按照某种逻辑关系进行排列，一般可以选用工作职责重要性排序、工作职责时间占用排序、工作流程排序等。

（四）工作绩效标准

工作绩效标准是对工作输出进行评价的一系列指标，对于工作输出的评价指标可用于对任职者的绩效进行评价。为了能对任职者的工作输出做出更客观、更准确的评价，选择的绩效标准评价指标应具备以下特点。

关键性：业绩标准变量对该职责的最终完成效果的影响程度。影响程度越大，则该业绩变量越可取。因此，最终结果标准比从关键控制点中寻找出来的过程性标准更好。

可操作性：业绩标准是否可以转化为实际能够衡量的指标。包括是否可以收集到准确的数据或者将事实作为考核该标准的依据；是否可以量化，如果不能量化，是否可以细化，以避免单纯凭感觉打分的现象发生。

可控性：该业绩变量受到任职者的工作行为的影响有多大，是更多受到任职者的控制，还是受到外部环境的控制。一般认为，如果任职者对该业绩变量的控制程度小于70%，则认为该变量必须舍弃。

上级职位的认可：业绩变量的选取还必须得到该职位的上级的认可。绩效标准可以采用量化的指标，也可以采用非量化的指标，即定性的指标。但定性指标操作难度较大；定性指标可以分解成二级指标，甚至三级指标，使之可以被量化，从而更加容易操作使用。但是在选取指标时应充分考虑指标的质量。非量化的衡量指标的选取相对较难，同时进行评价也存在很多困难。

（五）工作权限

工作权限表达的是职位任职者对资源分配的影响力，匹配的权限是工作职责完成的保障，亦即确保权责对等。一般的工作权限包括人事权、财务权、信息权等方面。这几方面的工作权限具体又可以分为不同的权力级别。

人事权主要是关于人事任命、免职、调动、工作安排、工作监管、请假批准等方面的职位权力；人事权具体分为人事任免决定权、人事任免讨论决定权、人事任免提请权等，这也和职位级别有一致性。财务权主要是财务上可使用资金、可支配资金的权力；一般不同职位级别在财务支配权上会有不同的额度差别，职位级别越高可支配和使用的额度越大，反之越小。信息权是关于公司内部信息获取的权力和发布的权力，这也和职位级别有一致性；职位级别越高越能够获得和发布更为重要的信息。

从工作权限与相互关系上看，人事权主要涉及工作链条上的权力级别。

（六）工作环境

工作环境是工作者工作时所处的外部环境，一般包括物理环境和心理环境。物理环境受自然条件影响较大，心理环境受社会条件影响较大。

物理环境一般包括以下两个方面。

1.有害工作环境

工作环境中含有对人体有毒、有害的物质或其他危害因素。例如温度、湿度、噪声、粉尘、异味、污秽、放射、腐蚀等有毒有害物质。

2.特殊工作环境

特殊工作环境,如高空、野外、水下、地下、封闭等工作环境。

一般地,通过工作环境测定(或称劳动环境测定)来确定工作环境状况,通常重点关注的是劳动环境中各种有害因素和不良环境。这是设计劳动保护的重要基础,也是工作评价要素的重要依据。

劳动环境测定的工作步骤如下。

(1)调查受测岗位的基本情况,包括生产工艺流程、原材料和产品、有害因素接触情况、作业位置和所处工序;

(2)确定有害因素的接触范围、测定点、测定的技术方法和仪器;

(3)制订有害因素监测计划;

(4)确定有害因素接触时间和接触率;

(5)测定有害因素浓度或强度;

(6)对测定数据进行计算处理,按标准分级,做出评价。

心理环境,即人文环境,主要是公司文化、办公室氛围等,此处不再介绍。

(七)工作压力

在工作描述中,对于工作压力的研究也非常重要。工作压力表达了工作者工作的饱满程度、波动程度、应对变化的适应程度等信息,是工作设计、工作评价以及招聘中的重要信息依据。一般地,可以从工作时间的波动性、出差时间比重、工作负荷等方面进行描述。例如,出差时间占总时间的40%以上,可为"经常出差";出差时间占总时间的20%到40%,可为"出差较为频繁";相应地,"出差时间不多"是指出差时间占总时间的10%到20%;"很少出差"是指出差时间占总时间的6%到10%;"偶尔出差"是指出差时间占总时间的5%以下。

二、工作规范

工作规范,又叫资格说明书,或工作者说明书,是工作分析结果的另一种表现形式,主要说明任职者要具备什么样的资格条件及相关素质,才能胜任某一岗位的工作。这里的任职资格是对岗位任职者的最低要求,亦即任职者不具备此任职资格将无法完成其工作。

工作规范的编写对于人力资源管理具有重要意义。人力资源管理系统的运行，需要两个基础工作的支持，一是工作描述，二是工作规范。工作描述强调工作本身性质和特点的介绍，工作规范强调对工作者素质和特征的介绍。人力资源管理的实质就是如何将工作与人进行高效配置，因此工作描述和工作规范的有效结合保证了人力资源管理系统的高效运行。一般地，工作规范包括知识、技能、能力、经验等等。

工作规范有三种编写方法，即计分法、文字法和表格法。

计分法一般把工作活动所涉及的任职资格归纳为25 ~ 30种，然后通过谈话和问卷手段，对所分析职务的每种能力用5点表计分。可根据具体情况采用7点或者11点计分法。

文字法即通过文字表达来描述工作岗位对于任职者任职条件的具体要求。文字法能够突出重点，但是在定量分析上不够充分。

表格法是用表格的形式来描述任职资格，表达工作岗位对任职者所提的要求。表格法能够突出重点，对任职者核心能力和素质进行分析，并作定量处理。

（一）体能条件

体能是指人体适应外界环境的能力。中国学者认为体能包括力量、速度、耐力、柔韧、灵敏等几个方面，具体可以分为九项基本体能，分别是动态力量、躯干力量、静态力量、爆发力、广度灵活性、动态灵活性、躯体协调性、平衡性和耐力。

感知感觉能力是人体的感觉器官对客观事物的反应。感觉器官包括视觉、听觉、味觉、嗅觉、触觉。视觉感知外界物体的大小、明暗、颜色、动静；听觉感知声音的响度（俗称音量）、音调（声音高低）和音色（又称音品）；味觉感知四种基本味道，即酸、甜、苦、咸，是通过味蕾受到刺激而感知到的；嗅觉是嗅神经系统和鼻三叉神经系统共同参与感知气味的，是一种远感；触觉是接触、滑动、压觉等机械刺激的总称，是通过体表感知外界机械接触（接触刺激）的。

特定的工作岗位需要工作者具备必需的体能条件，例如体育工作者对九种基本体能有较高的要求，音乐工作者对听觉具有很高的要求。另外有些工作对身高、性别、体重、健康状况（即是否患有疾病，尤其是传染性疾病）、外貌等有特殊的要求。

（二）智力条件

智力（intelligence）是指生物一般性的精神能力，指人认识、理解客观事物并运用知识、经验等解决问题的能力，包括观察力、注意力、记忆力、思维力、想象力等。

观察力是对观察到的事物进行汇总分析，并获得认识上的提升的一种智力能力。通过观察力的发挥可以辨别事物的差异性和一致性。

注意力是指人的心理活动指向和集中于某种事物的能力。注意力的五大品质为注意力的稳定性、注意力的集中性、注意力的范围、注意力的分配、注意力的转移。

记忆力是识记、保持、再认识和重现客观事物所反映的内容和经验的能力，包括形象记忆型、抽象记忆型、情绪记忆型和动作记忆型。

思维力是人脑对客观事物间接的、概括的反映能力，通过多维立体的思考找出一类事物共同的、本质的属性和事物间内在的、必然的联系方法的能力，属于理性认识。

想象力是人在已有形象的基础上，在头脑中创造出新形象的能力。因此，想象一般是在掌握一定的知识面的基础上完成的，是人类创新的源泉。

（三）知识与经验

知识是固化的经验，是人类认识成果的不断沉淀和积累，其初级形态是经验知识，高级形态是系统科学理论。心理学上的知识界定为个体通过与环境相互作用后获得的信息及其组织。个人知识的获得主要通过学习，所以其知识含量可以通过对其学习过程、接受教育的程度或者最终学历来测量。

知识具有专业领域特征。所谓专业是指高等学校或中等专业学校根据社会职业分工、学科分类、科学技术和文化发展状况及经济建设与社会发展需要设立的学业类别。从工作分析角度，可将知识分为一般了解性知识、熟练掌握性知识和精通性知识。一般了解性知识是辅助性知识，属于外围的知识；熟练掌握性知识是保障性知识，属于专业领域的知识；精通性知识是核心性知识，属于工作创新必需的知识。例如，可可咖啡事业部总监的知识构成：一般了解性知识有可可咖啡商品知识，熟练掌握的知识有国际贸易规则，精通的知识有市场营销、谈判技巧、企业管理。

经验是从已发生的事件中获取的知识，一般概念包括知识和技巧。经验是体验或观察某一事件后所获得的心得并应用于后续作业；而这些以前获取的知识技巧，对于工作的开展具有极其重要的作用。

从工作分析角度，可将工作经验分为一般工作经验、专业工作经验和管理工作经验。一般工作经验是指参加工作就会获取、积累和具有的一般性工作经历和感受，强调一般性操作和问题解决的经验掌握；专业工作经验是指工作经验是与专业工作相联系的，从事专门工作、能够进行专业操作和解决专业问题的经验；管理工作经验则指工作者担任管理职务，需要发挥管理技能与能力的工作经历和体会。

（四）技能

技能是指掌握和运用专门技术的能力，是通过练习获得的能够完成一定任务的动作系统。教育心理学中的"技能"一般认为是通过练习而形成的合乎法则的活动方式。

从工作分析角度，可将技能分为一般性技能、特殊技能和适应性技能。一般性技能是指参加工作都应该具备的基本的计算、语言和操作技能；特殊技能是指工作时所使用的具有特定性，亦即专业性很强的技能；适应性技能是指工作环境、方法或模式发生变化时，工作者所具备的可通过调整来适应变化的技能。从另一角度看，对于三个层次的技能在深度和广度上的要求也存在较大差异。对于一般性技能和适应性技能来讲，更强调其技能广度；而对于专业性技能则更强调其技能深度。这里的技能广度是指工作者所掌握的技能项目更多；技能深度是指工作者所掌握的技能级别更高。

（五）心理素质

心理素质是以人的自我意识发展为核心，由积极的与社会发展相统一的价值观所导向的，包括认知能力、需要、兴趣、动机、情感、意志、性格等智力和非智力因素有机结合的复杂整体。

认知能力是指人脑加工、储存和提取信息的能力，即人们对事物的构成、性能与他物的关系、发展的动力、发展方向以及基本规律的把握能力。它是人们成功完成活动的最重要的心理条件。知觉、记忆、注意、思维和想象的能力都被认为是认知能力。

需要就是有机体在内外条件刺激下，对某些事物希望得到满足时的一种心理紧张状态，是人脑对生理需求和社会需求的反应。需要有自然性需要和社会性需要、物质需要和精神需要之分。马斯洛把需要分为5个层次，即生理需要、安全需要、社交需要、自尊需要和自我实现的需要。

兴趣就是对事物喜好或关切的情绪，个人兴趣是个体以特定的事物、活动及人为对象，所产生的积极的和带有倾向性、选择性的态度和情绪。兴趣是一种无形的动力，当个体对某件事情或某项活动有兴趣时，就会很投入，而且印象深刻。任何一种兴趣都是由于获得这方面的知识或参与这种活动而使人体验到情绪上的满足而产生的。

动机在心理学上一般被认为涉及行为的发端、方向、强度和持续性。动机为名词，在作为动词时则多称作"激励"。在组织行为学中，激励主要是指激发人的动机的心理过程，即通过激发和鼓励，人们产生一种内在驱动力，使之朝着所期望的目标前进的过程。根据动机的性质可将动机分为生理性动机和社会性动机。生理性动机有饥饿、渴、性、睡眠。社会性动机有兴趣、成就动机、权力动机、交往动机。

情感是个体对客观事物是否满足自己的需要而产生的态度体验。根据价值的正负变化方向的不同，情感可分为正向情感与负向情感。正向情感是人对正向价值的增加或负向价值的减少所产生的情感，如愉快、信任、感激、庆幸等；负向情感是人对正向价值的减少或负向价值的增加所产生的情感，如痛苦、鄙视、仇恨、嫉妒等。根据价值的强度和持续时间的不同，情感可分为心境、热情与激情。根据事物基本价值类型的不同，情感可分为真感、善感和美感三种。

人的全部认识活动可分解为知、情、意三种相对独立的心理活动，人的综合心理素质也相应地分解为三种相对独立的心理素质：认知素质（或智力素质）、情感素质和意志素质，它们分别用以反映人对于事实关系、价值关系和实践关系的认识能力。意志素质的高低取决于人对于实践关系的主观反应（设想、计划、方案、措施、毅力等）与实际情况相吻合的程度，它包括意志的果断性、自觉性、自制性、坚韧性等，具体体现为形成创造性设想、准确性判断、果断性决策、周密性计划、灵活性方案、有效性措施、坚定性行为等方面的能力。

性格是指表现在人对现实的态度和相应的行为方式中的比较稳定的、具有核心意义的个性心理特征，是一种与社会相关最密切的人格特征，在性格中包含许多社会道德含义。性格表现了人们对现实和周围世界的态度，并表现在他的行为举止中。性格主要体现在对自己、对别人、对事物的态度和所采取的言行上。

（六）非工作行为条件

这部分内容不直接涉及工作的责任和质量，通常由政策决定，例如相关证书、婚姻状况、国籍、政治面貌、年龄、着装等。

三、工作流程

简单地讲，工作流程就是工作开展的先后顺序，在工作分析中对工作流程的分析是一个重要的方面。通过工作流程的分析，可以更准确、更清晰地了解工作的转换过程，以及在这一过程中所涉及的人、事物和信息。

（一）工作流程概述

流程就是为完成某一目标（或任务）而进行的一系列有序的活动集合。流程由六个要素构成，即资源、过程、过程中的相互作用（即结构）、结果、对象和价值。流程有如下六个特点：一是目标性。流程有明确的输出（目标或任务），这个目标可以是一次满意的客户服务，也可以是一次及时的产品送达，等等。二是内在性。流程包含于任何事物或行为之中。所有事物与行为，我们都可以用这样的句式来描述，"输入的是什么资源，输出了什么结果，中间的一系列活动是怎样的，流程为谁创造了怎样的价值"。三是整体性。流程至少由两个活动组成。流程有"流转"的意思，至少有两个活动，才能建立结构或者关系，才能进行流转。四是动态性。流程是从一个活动到另一个活动。流程不是一个静态的概念，它按照一定的时序关系徐徐展开。五是层次性。组成流程的活动本身也可以是一个流程。流程是一个嵌套的概念，流程中的若干活动也可以看作是"子流程"，可以继续分解为若干活动。六是结构性。流程的结构可以有多种表现形式，如串联、并联、反馈等。这些表现形式的不同，给流程的输出效果带来很大的影响。

工作流程由于连接方式不同、完成活动方式的多样性以及活动的承担者不同，呈现多种多样的形式。按照不同的划分标准，可将流程进行如下分类。

按照流程的处理对象划分，流程可分为实物流程、信息流程；按照流程跨越组织的范围划分，流程可分为个人间流程、部门间流程和组织间流程。

另外，流程又可分为经营流程和管理流程。经营流程又可分为作业流程和支持流程。其中作业流程包括订单完成流程、产品生产流程、库存管理流程、原料采购流程等直接与企业主价值链相关的流程；而支持流程则包括研究发展流程、资金筹措流程、人事考评流程等与企业次价值链相关的流程。管理流程较之经营流程要复杂得多，通常包括为达成目标而进行的一系列活动，如计划、组织、人力资源、领导、控制、创新等，这些紧密联系的活动有机结合构成了企业的管理流程。

企业组织是以业务部门和职能部门来划分的，但实际上起作用的是流程。没有一个部门单独的活动能创造价值，只有将所有活动放在一个整体框架里进行才能创造价值，这个框架就是流程。通过流程管理，流程能够适应行业经营环境，能够体现先进实用的管理思想，能够借鉴标杆企业的做法，能够有效融入公司战略要素，能够引入跨部门的协调机制，使公司降低成本、缩减时间、提高质量、方便客户，提升综合竞争力。

（二）工作流程的描述——流程图

一般通过流程图来描述流程。流程图是流经一个系统的信息流、观点流或部件流的图形代表。在企业中，流程图主要用来说明某一过程。这种过程既可以是生产线上的工艺流程，也可以是完成一项任务必需的管理过程。

第三章　员工招聘与培训开发

第一节　员工招聘的基本认识

"招聘是指企业依据岗位需求，为了生存和发展的需要，依照一定的程序，运用先进的手段，通过科学的测评与选拔方法，向组织内外吸收，挑选，安置岗位所需人才的过程。"[①]招聘一般分为招募、选拔和录用三个环节。招募是聘用的基础与前提，是指企业通过适当的方式和渠道发布空缺职位的信息，通过宣传来扩大影响，树立企业形象，尽可能地吸引潜在胜任者来应聘岗位的过程。选拔是运用人才甄选的技术方法，对所有的应聘者进行识别与比较，挑选出与企业需求相匹配的人员。录用包括与企业选中的人才协商用工条件、签订劳动合同、安排入职培训以及正式安排工作岗位等工作。

一、招聘的意义体现

第一，招聘是企业获取人力资源的主要途径。企业从创建到发展，人力资源的状况都处于不断变化之中，企业对人力资源的需求也会发生变化。企业需要在不同时期获取不同的人力资源。无论是从外部补充新的员工，还是在内部进行人力资源的再配置，都需要通过规范的招聘程序来更好地满足企业对人力资源的需求。因此，人员招聘是企业一项经常性的工作，是获取人力资源的主要途径。

第二，招聘是提高企业核心竞争力的重要途径。现代企业竞争的实质是人力资源竞争，有效的招聘才能确保录用人员的质量。一方面直接关系到高质量的人力资源的形成；另一方面直接影响企业人力资源管理其他环节工作的开展。高素质的员工才能保证提供高质量的产品和服务，有竞争力的产品必然是有创造力的员工或团队开发的，企业的核心竞争力归根结底是人力资源的竞争力。

---

① 　张海枝 . 人力资源管理 [M]. 重庆：重庆大学出版社，2014：92.

第三，招聘是促进企业人力资源流动的一个重要因素。有效的招聘系统能促进员工通过合理流动找到适合的岗位，更好地调动员工的积极性、主动性和创造性，使员工的能力得以充分的发挥。有效的招聘系统是企业人力资源的动态调节机制，能在企业内部形成良性竞争和人员的"优胜劣汰"，在一定程度上促使在岗员工主动适应岗位需求的变化。

第四，宣传企业形象的有效途径。在招聘过程中，企业利用各种渠道和各种形式发布招聘信息，除了吸引更多的求职者以外，还能让外界更好地了解企业。有些企业以高薪、优厚的待遇和精心设计的招聘过程来表明企业对人才的渴求和重视，显示企业的实力。招聘对于企业而言，在招收到所需的各种人才的同时，也是企业通过招聘工作的运作和招聘人员的素质向外界展现企业良好形象的重要途径。

二、招聘的基本原则

第一，人岗匹配原则。招聘工作常见的误区就是盲目追求高学历、高素质的"优秀"人才。所谓"优秀"应该是能力和素质与应聘岗位的任职要求匹配，才是企业的最佳选择，因此人岗匹配是招聘工作中遵循的最为重要的原则。人岗匹配具有两层含义：一是岗位要求与任职者的知识、技能、能力等素质相匹配；二是工作报酬与工作动机相匹配。

第二，信息公开原则。需要公开的招聘信息通常包括：空缺职位名称、入职要求、选拔程序、薪酬待遇等。招聘信息公开有利于求职者全面了解应聘职位的情况，做出理性选择。特别是当企业进行内部招聘时，公开招聘信息能更好地对招聘的过程进行监督，防止不公正的现象发生，提高员工的信任感和公平竞争的意识。

第三，平等竞争原则。对所有应聘者应一视同仁，刻意制造各种不平等的限制，或在招聘过程中徇私舞弊，既影响企业形象，又影响录用员工的质量，直接损害企业利益。科学且客观的考核方法是平等竞争的保证。只有遵循平等竞争的原则，以严格的标准，科学的考核方法对候选人进行测评，根据测评结果确定人选，才可以创造公平竞争的环境，选出真正适合企业的人才。

第四，双向选择原则。招聘是一个双向选择的过程。企业要选择能够胜任某岗位工作，为企业创造价值的员工，而个人则是在寻找一份报酬公平，能够体现其个人价值的工作。双向选择能够实现人力资源的最优配置。在招聘工作中，有些企业为了吸引人才，不实事求是地介绍企业情况，而是刻意美化或夸大其词，承诺一些无法兑现的待遇，在这种情况下，求职者一旦到工作岗位正式任职，容易产生较大的心理落差，反而会消极怠工，甚至离职，导致招聘工作的失败。

第五，效益最佳原则。招聘的效益是指投入与产出的关系。投入是指招聘成本，包括发布招聘信息的广告费用，对应聘者进行审查、甄选的费用，录用安置候选人的费用。产出是指通过招聘工作，最终录用员工的数量、质量及新员工在工作岗位创造的工作业绩。所谓效益最佳原则是指投入最少的招聘成本获取适合职位的最佳人选。在实际工作中，没有绝对的最佳，但以效益最佳原则来管理招聘工作，对企业获得竞争优势具有重要意义。

三、影响招聘的因素

（一）外部因素

第一，国家的法律法规。国家的法律法规对企业的招聘活动与对象选择进行了限制和约束。我国劳动法规定了所有劳动者都享有平等就业和选择就业的权利。企业在招聘过程中，如因应聘者的民族、性别等方面而给予其不平等的对待，都属于就业歧视，是违法行为。我国2008年开始实施的《中华人民共和国劳动合同法》规定了个人与组织必须通过签订劳动合同来确立劳动关系。如果企业未按规定与招聘的员工签订劳动合同也是违法行为。

第二，宏观经济形势。一般而言，宏观经济形势良好，就业率高，招聘岗位较多，招聘活动较频繁。反之，宏观经济出现危机，企业对经济形势不乐观，投资信心不足，会减少招聘岗位，甚至停止招聘。政府对宏观经济的调控，也会在很多方面影响企业的招聘活动。

第三，劳动力市场的供求状况。当企业通过外部招聘来获取人才，劳动力市场的供求状况会直接影响招聘的效果。如企业所需人才在劳动力市场供小于求时，企业吸引求职者会比较困难，应加大宣传或通过提高待遇来吸引更多的人才。相反，劳动力市场供大于求时，企业招聘会相对容易，可选择的范围更大。

第四，竞争对手。一方面，同为某一行业的竞争企业，对人才需求的相似度较高，容易形成争夺人才的局面；另一方面，应聘者往往也会在同类企业中进行比较后做出选择。因此，企业在招聘过程中，取得与竞争对手的比较优势非常重要。

（二）内部因素

第一，企业形象和自身条件。影响企业形象的因素有：企业的发展前景、行业的竞争地位、企业文化、薪酬待遇等。企业的形象越好，越能吸引应聘者，有利于招聘工作的进行。另外企业的规模、地理位置、管理水平、发展阶段、能支付的待遇水平等自身条件也在一定程度上影响着招聘活动的开展。

第二，职位的性质。拟招聘职位的性质直接决定了招聘什么样的人，通过何种渠道进行招聘等招聘工作中最重要、最基础的要求，该职位的基本情况和任职资格条件也是求职者最为关注的信息。

第三，招聘的成本预算。企业往往会根据招聘职位的重要性、招聘的数量以及自身的经济实力确定招聘的成本预算。企业的招聘预算会影响招聘信息发布的渠道、招聘的方式、选拔流程的设计、招聘工作人员的数量和职位的高低等。企业的招聘活动必须考虑成本和效益，在成本约束的条件下，招聘到最合适的人才，就是实现了招聘效益的最大化。

第四，企业用人政策。企业的用人政策不同，对员工的素质要求不同，相应的招聘方式也会有差异。如有的公司认为素质比专业知识更重要，因此，在选择应届毕业生时，更倾向于学生干部；有的公司则认为学习成绩更优秀的毕业生更具有学习能力和敬业精神；而有的公司却认为非常优秀的人员眼高手低，难以管理，或者跳槽率高，70分的求职者被认为是最"适合"的人才。

四、招聘的工作程序

招聘大致可分为以下几个阶段。

（一）制订招聘计划

招聘计划（recruitment planning）是根据企业的人力资源规划，在工作分析的基础上，通过分析与预测组织岗位空缺及获得合格员工的可能性，所制订的实现员工补充的一系列工作安排。一份完整的招聘计划通常包括如下内容：①人员需求，即确定招聘的职位、人数和基本要求；②信息发布时间和渠道；③招聘经费预算；④招聘工作小组成员；⑤招聘工作时间表；等等。

（二）发布招聘信息

发布招聘信息是指利用各种传播工具发布岗位信息，鼓励和吸引人员参加应聘。在发布招聘信息时应注意以下几点。

第一，信息发布的范围。信息发布的范围取决于招聘对象的范围，发布信息的面越广，接收到该信息的人就越多，应聘者就越多，组织招聘到合适人选的概率就大，但费用支出相应也会增加。

第二，信息发布的时间。在条件允许、时间允许的情况下，招聘信息应尽早发布，以缩短招聘进程，同时也有利于使更多的人获取信息，从而增加应聘者。

第三，招聘对象的层次性。组织要招聘的特定对象往往集中于社会的某个层次，因而要根据应聘职务的要求和特点，向特定层次的人员发布招聘信息，比如招聘计算机方面的专业人才，则可以在有关计算机专业的杂志上发布招聘信息。

（三）应聘者提出申请

此阶段是从应聘者角度来谈的。应聘者在获取招聘信息后，向招聘单位提出应聘申请。应聘申请常有两种方式：一是通过信函向招聘单位提出申请；二是直接填写招聘单位应聘申请表（网上填写提交或到单位填写提交）。

无论哪种方式，应聘者应提供以下个人资料：①应聘申请表，且必须说明应聘的职位；②个人简历，着重说明学历、工作经验、技能、成果、个人品格等信息；③各种学历的证明包括获得的奖励、证明（复印件）；④身份证（复印件）。

（四）接待和甄别应聘人员（也叫员工选拔过程）

此阶段实质是在招聘当中对职务申请人的选拔过程，具体又包括如下环节：审查申请表—初筛—与初筛者面谈、测验—第二次筛选—选中者与主管经理或高级行政管理人员面谈—确定最后合格人选—通知合格人选做健康检查。

此阶段一定要客观与公正，尽量减少面谈中各种主观因素的干扰。

（五）发出录用通知书

这是招聘单位与入选者正式签订劳动合同并向其发出上班试用通知的过程。通知中通常应写明入选者开始上班的时间、地点与向谁报到。

（六）对招聘活动的评估

这是招聘活动的最后阶段。对本次招聘活动作总结和评价，并将有关资料整理归档。评价指标包括招聘成本的核算和对录用人员评估；这两类指标分别从招聘的成本和质量来衡量，若在招聘费用支出少的情况下，能招聘到高质量的人才，则表明本次招聘效果好。

五、员工招聘的不同渠道

企业进行员工招聘的渠道一般有两种：内部招聘和外部招聘。

（一）内部招聘

内部招聘是指在企业内部通过晋升、竞聘或人员调配等方式，由企业内部的人员来弥补空缺职位。企业内部招聘和人才选拔机制的确立，有利于员工的职业生涯发展，留住核心人才，形成人力资源内部的优化配置，内部招聘是企业人才招聘的一个重要渠道。

1.工作布告

工作布告是组织内部招聘比较常见的方法。最初的做法是在企业布告栏发布人员空缺的工作岗位的信息，符合条件的员工都可以"投标"，再在竞标者中进行挑选。工作布告给员工提供一个公平选择工作岗位的机会，能使企业内最合适的员工有机会从事该工作，有利于调动员工的积极性，更符合"人性化管理"理念。但这种方法若采用不当，会使企业内部缺乏稳定，影响落选员工的工作积极性和工作表现。

2.主管推荐

主管对本部门员工的工作能力有较为全面的了解，只要主管人员客观、公正地评价并推荐员工，而不是为了提拔他们的"亲信"而错过了优秀的候选人，这种方法不失为一种好的招聘方式。由于主管推荐很难不受主观因素的影响，多数员工会质疑这种方式的公平性，他们会认为，正是这种不公平的对待，使他们丧失了可能的晋升机会，从而影响其工作积极性。部门主管会比较认同这种方法，当他们有权挑选或决定晋升人选时，他们会更关注员工的工作细节和潜在能力，会在人员培养方面投入更多的精力，同时也会促使那些正在寻求晋升机会的员工努力地争取更好的工作表现。

3. 人才库

建立电子化的"员工人才库"，实现员工职业信息的计算机管理，员工信息包括工作经历、教育程度、优点和缺点、特殊才能、参加过的培训、计划参加的培训、人才培养的方向、可能晋升的职位等与职业发展相关的信息，当出现职位空缺时，计算机系统能够迅速搜索到符合条件的候选人。

4. 竞聘上岗

竞聘上岗是内部招聘的常见方法，原理是：通过公开竞聘的方式，挑选出最适合、最匹配的人，使职得其才，才得其用。

竞聘上岗的主要操作步骤：①发布竞聘公告，内容包括竞聘岗位、职务、岗位说明书、竞聘条件、报名时间、地点、方式等。②对申请者进行初步筛选，剔除明显不符合要求的应聘者。③组织与竞聘岗位相关的测试，包括知识测试、技能测试、心理测试等。还可组织竞聘上岗演说和民意测试。④组织专业的"考官小组"进行综合全面的面试。⑤辅以一定的组织考核，对应聘者以往的工作业绩、实际的工作能力、群众对其的认可度等方面进行考核，按一定的比例（如1：3）推荐给决策者。⑥按德、才、能、识、体进行全面衡量，做出录用决策。⑦公布决定，宣布任命。

（二）外部招聘

外部招聘是指从企业外部获取符合空缺职位工作要求的人员来弥补企业的人力资源短缺，或为企业储备人才。当内部的人力资源不能满足企业发展的需要时，应选择通过外部渠道进行招聘。

1. 发布招聘广告

通过媒体广告向社会公开招聘人才，是应用最为广泛的招聘方法。广告招聘可以迅速地传达企业的招聘信息，还可以帮助企业建立良好的企业形象。招聘广告的内容一般包括：①广告标题。如"××公司招聘""高薪诚聘"等。②公司简介。包括公司的全称、性质、主营业务等，须简明扼要。③招聘岗位。包括岗位名称、任职资格、工作职责、工作地点等。④人事政策。包括公司的薪酬、社会保障、福利待遇、培训等有关政策。⑤联系方式。包括公司地址、电话、传真、网址、电子邮箱地址、联系人等。⑥其他注意事项。

可选择的广告媒体主要有广播电视、报纸、杂志和互联网等。在选择媒体时应考虑各种媒体的优缺点及媒体本身承载信息的传播能力、受众群体等因素。

2.人才招聘会

人才招聘会可以分为两大类：一类是专场招聘会，即只有一家公司举行的招聘会。专场招聘会是公司欲招聘大量人才或面向特定群体（如校园招聘会）时举行的。另一类是非专场招聘会，即由某些人才中介机构组织的有多家单位参加的招聘会。

3.员工推荐

员工推荐是指员工从他们的朋友或相关的人中引荐求职者。这种招聘技术既使企业和应聘者双方能迅速了解，又节省招聘费用。推荐者通常会认为被推荐者的素质与他们自己有关，只有在保证其不会给自己带来坏的影响时才会主动推荐。但是如果推荐过程受到"徇私""任人唯亲"等不良因素的干扰，会影响招聘的公平性。特别是人才录用以后，因工作推荐的关系在公司内部形成一些非正式群体而影响工作的正常开展，对企业管理产生不利影响。

4.就业服务机构

社会上有各种就业服务机构，其中有人事部门开办的人才交流中心、劳动部门开办的职业介绍机构，还有一些私营的职业介绍机构等。企业要借助就业服务机构，首先要选择一家好的就业机构，目前市场上的就业机构良莠不齐，选择一家正规合法、声望好、有实力的就业机构是重要的；其次，必须向他们提供一份精确且完整的工作说明，这有利于就业机构找到合适的人员；最后，要参与监督就业机构的工作。比如限定他们使用的甄选技术和方法，定期检查那些被就业机构接受或拒绝的候选人资料，以及时发现他们工作不合意的地方。

5.校园招聘

校园招聘的优点是：企业可以找到足够数量的高素质人才，而且新毕业学生的学习愿望和学习能力较强，可塑性很强；另外，与具有多年工作经验的人比起来新毕业学生薪酬较低。但校园招聘也存在不足：学生没有工作经验，需要进行一定的培训；并且学生往往有过于理想化的期待，对于自身能力也有不现实的估计，容易对工作和企业产生不满；在毕业后的前几年一般有较高的更换工作率。在校园招聘需要经过系统的策划，在组织方面也需要付出较大的努力。

6. 猎头公司

猎头公司是指专门为企业招聘中级或高级管理人员或重要的专门人员的私人就业机构。由于人才的短缺，主动求职的愿望相对较低，并且他们已经有很好的工作，因此运用公开的招聘方法难以吸引他们。而猎头公司拥有自己的人才数据库，并经常主动去发现和寻找人才，还能够在整个搜寻和甄选过程中为企业保守秘密。所以，如果企业要征召一些核心员工，猎头公司的帮助是必不可少的。

7. 在线招聘（网络招聘）

随着互联网的普及，在线招聘因其不受地域和时间的限制，且高效、快捷、费用低、信息传播范围广等优势，成为目前企业普遍采用的招聘方式。在线招聘的方式主要有两种。第一种方式是在公司的主页设置专门的栏目发表招聘信息。有些企业的网页还提供在线申请功能，求职者可以直接在网页上填写职位申请表，并可以通过电子邮件获得回复。还有些企业利用网络的视频功能，进行在线面试，减少企业和求职者双方的招聘支出。第二种方式是通过专业的人才招聘网站。专业的网站信息集中，访问量大，一般是由专业的就业服务公司举办，除发布招聘信息外，还可提供人才测评、代理招聘等其他服务。

总之，内部招聘和外部招聘都是企业行之有效的招聘渠道，具体如何选择并无定论，应根据组织战略、职位类别、外部环境变化以及组织在劳动力市场上的相对位置等因素综合权衡。

第二节 人员甄选、录用与招聘评估

一、人员甄选

人员甄选指综合利用心理学、管理学和人才学等人员测评的技术和方法，根据特定岗位胜任能力的素质要求，对应聘者的综合素质进行系统的、客观的测量和评价，最终选择适合企业所需的应聘者的过程。

（一）人员甄选的一般步骤

人员甄选一般按以下步骤进行。

初步筛选：是甄选工作的首要和关键环节，主要通过查看应聘者的基本条件，包括应聘者的个人基本信息、教育背景、工作经历、学习成绩以及求职动机等与招聘要求间的匹配程度，初步选出基本合乎要求的合格应聘人选，淘汰求职材料不实者和明显不合格者，从而提高下一步甄选工作的有效性。初步筛选主要包括筛选简历和求职申请表两个环节。

初步面试、笔试：淘汰知识素质达不到要求和基本素质明显不合格者。

心理和能力测试：设定一定的淘汰比例，淘汰测试低分者，或按面试名额限制择优进入下一阶段的选拔。

面试：是整个选拔过程的关键步骤，在前三个步骤的基础上，进行综合素质的考察，选定最优候选人。

背景调查：核实候选人的背景资料，淘汰资料不实者。

体检：淘汰身体状况不符合要求者。

录用：根据招聘岗位的性质在不同的决策层进行录用决策。

（二）人员甄选的常用方法

1. 笔试

笔试是用人单位根据用人要求事先拟订好试题，让应试者笔答试题，根据应试者作答的正确程度评定成绩，以此作为选拔依据的一种人才测评的方法。这种方法成本相对较低，效率高。但笔试也有局限性，无法考察应试者的品德修养、工作态度、口头表达、实际操作等多方面的能力，可能会出现高分低能的情况。

2. 心理和能力测试

心理和能力测试是根据已标准化的实验工具，如量表，引发和刺激被试者的反应，所引发的反应结果由被试者自己或他人记录，然后依据事先确定的原则进行推论和数量化分析。主要包括职业能力测试、人格测验等。

（1）职业能力倾向测试。

职业能力倾向测试是指测定从事某项特殊工作所应具备的某种潜在能力的一种心理测试。它能预测应聘者在某职业领域中成功和适应的可能性，以及判断哪项工作适合他。

职业能力倾向测试内容一般可分为：①普通能力倾向测试——包括思维、想象、记忆、推理、分析、空间关系判断和语言等能力的测试；②特殊职业能力测试——是测试特殊职业需要特殊能力的一种职业能力测试，如出纳员、打字员等；③心理运动机能测试——包括心理运动能力，如选择反应时间、肢体运动速度、四肢协调、速度控制等；身体能力，如动态强度、爆发力、广度灵活性、动态灵活性和身体协调性等。这些可借助于体检、各种测试仪器或工具进行。

由于不同职业对能力的要求不同，人们设计了针对不同职业领域的能力倾向测试，用于针对性地选拔人员和职业设计。我国已在公务员考试中设立了行政职业能力测试，它专门用来测量与行政职业有关的一系列心理潜能（如知觉速度与准确性、判断推理能力、语言理解能力、数量关系与资料分析能力）的考试，通过这一系列的考试，即可预测考生在行政职业领域多种职位上成功的可能性。行政职业能力测试已在全国许多省市的公务员招聘中得到运用。

（2）人格测验。

广义的人格是指一个人的整体精神面貌，即个体具有的品质、特征和行为等个体素质的总和。它包括个人所具有的能力、智力、兴趣、气质、思维和情感及其他行为差异的混合体。狭义的人格是指人的兴趣态度、价值观、情绪、气质、性格等内容。人格反映了一个人的行为方式和思维特点，因此和人的某些方面的工作绩效有关。近年来，越来越多的研究表明，个性和管理者的领导风格、工作绩效有关。从业界的实际作业情况来看，许多发达工业国家在人事招聘、管理者选拔中都采用人格测验，这表明人们普遍认为个性对于人事任用有特殊意义。人格测验也因心理学家对人格的不同定义而有不同的测量方式。心理学家及测验专家所设计的人格测验方法很多，主要可分为三大类型，即自陈式量表法、投射法、情境评定法。

3.面试

面试是一种运用范围广泛、方法灵活、收集信息量大、简便且技巧性很强的人才测评技术。在实际运用中，有时又被叫作口试、面审、面谈等。

（1）面试的方法。

面试的分类方法有很多，通常可以将面试划分成以下几种类型。

结构化面试。所谓结构化面试指的是在面试中，使用结构化的面试指导表对所有面试者提一样的且有标准答案的问题。这样的面试不利于被测对象的发挥，不适合测试管理类等个性化色彩较强的岗位的应聘者。这种面试方法对面试结果的横向比较、统计比较方便。需要注意的问题是，面试指导表的设计质量对面试结果的信度、效度影响很大。

非结构化面试。面试考官所提出的问题并不是固定不变的，可以根据个人的关注点和求职者的回答不断提出纵深的问题。答案是开放的，没有唯一的标准。

情境面试。将被面试者置于应聘岗位的实际情境（或者模拟情境）之中，观测被面试者的反应、表现，分析其对问题的回答，甚至要求被面试者指出面试情境中暴露出企业有哪些问题以及产生问题的原因和解决方案。这种面试能反映出求职者的真实情况，效果较好。

系列面试。将面试的问题分成若干方面，分别由该方面的专家面试。每个求职者单独由各个考官面试。要点是，各个方面的专家的看法要独立，不能相互打听。

小组面试。若干人员组成一个面试小组，小组中的每一个成员测试一个方面；被面试对象可以是一个或多个；可以对一个人发问，也可以要求几个人回答同一个问题。这种面试会较快达成一致意见，效率较高。但是，这种方法有一个问题要注意，如果面试小组中有一个权威人物（公司老总或者人力资源专家等），往往这个人的意见会左右他人的意见。为了使面试结果更全面、客观，权威人物最好最后发言。

压力面试。压力面试通常用于对谋求需承受较高心理压力的岗位的人员的测试。测试时，面试考官可能会突然问一些不礼貌的问题，让被面试人员感到很不适应，同时承受较大的心理压力。这种情况下，心理承受能力较弱的求职者的反应可能会较异常，甚至不能承受。而心理承受能力强的人员则表现较正常，能较好地应对。这样就可以判断出求职者的心理承受能力。另外，该方法也可以用来证实对一些信息的怀疑。因为，人在一些突发问题上的反应更真实、更客观，而在准备个人求职资料时会不自觉地在不同程度上美化自己，甚至造假。

（2）面试程序。

准备阶段。选择面试考官，准备面试资料，布置面试场地。

面试开始阶段。面试开始，考官可以通过寒暄、问候、微笑来营造轻松的面谈氛围，解除应聘者的紧张和顾虑。还可让应聘者做简短的自我介绍，自然地进入面试的程序。

正式面试阶段。面试考官根据事先准备的面试提纲向应聘者逐一提问，并记录相关信息。面试的目的是全面客观地了解应聘者的信息，作为选拔的依据，因此面试考官应尽可能地引导应聘者发言，以达到预期的目的。

面试结束阶段。询问应试者是否有需要补充的信息，并允许应试者提问，并告知其面试结果通知的时间和方式，不论应聘者表现如何，面试均应在友好的气氛中结束。

4.评价中心技术

评价中心是以测评管理素质为中心的标准化的一组评价活动。它不是一种具体的方法而是多种方法的组合，是一种程序。评价中心的目的是评价被测者是否适合担任某项工作，预测被测者的能力、潜力与工作绩效的前景，同时察觉被测者的欠缺之处，从而可以用于人力资源的培训与开发、职业能力测评、职业规划、人事研究以及组织的绩效评估等方面。随着实践的深入，评价中心的应用范围也必将日益扩大。

二、人员录用与招聘评估

（一）人员录用

对应聘者进行选拔测试之后，招聘进入录用工作阶段。录用是指综合应聘者在招聘过程中的表现及所有相关的求职资料，根据组织需求，挑选出最适合的人选，并办理入职手续的过程。本阶段的工作主要有录用决策、通知应聘者和员工入职。

1.录用决策

录用决策主要是对选拔过程中产生的信息进行综合评价与分析，确定每一个候选人的素质和能力特点，根据预先设计的人员录用标准进行挑选，选择出最合适的人员的过程。具体的工作程序一般按以下五个步骤进行。

第一，总结应聘者的信息。评价小组综合考虑应聘者现有的知识、技能、对工作的胜任程度、工作动机、兴趣、个性特征、工作主动性等。

第二，分析录用决策的影响因素。人员素质与岗位要求是否匹配是录用决策首先考虑的核心因素，除此之外，还应考虑其他影响因素。如：是侧重于应聘者的潜能，还是根据组织的现有需要；企业现有的薪酬水平与应聘者的要求之间有无差距；高于合格标准的人员是否在考虑范围之内；没有合适的人选是降低要求还是重新招聘；等等问题，应根据组织的实际情况做出适当的决策。

第三，体检。在做出最终录用决策之前，还应对待录用者进行必要的身体检查，淘汰身体状况不符合要求的人员，以确保身体条件符合所从事工作的要求。

第四，背景调查。背景调查就是对应聘者与工作有关的一些背景信息，如学历、学位、工作经历等进行查证核实，以确定其任职资格。通过背景调查，一方面可以发现应聘者过去是否有不良记录；另一方面，也可以对应聘者的诚实性进行考察。在进行背景调查时要注意从各个不同的信息渠道验证信息，不要听信一个被调查者或者一个渠道来源的信息，必要时可以委托专业的调查机构进行调查。

第五，做出录用决策。在分析候选人所有信息资料的基础上，根据招聘要求，做出最终的录用决定，并反馈给人力资源管理部门，通知应聘者录用决定并办理各种录用手续。

2. 通知应聘者

（1）录用通知。为了不失去合格的录用者，录用通知要及时送出。有些官僚作风严重的企业，因通知不及时而损失了重要的人力资源，并影响企业形象。录用通知书除了将有关事项说明清楚外，还表明了企业对人才的尊重，对招聘工作的重视。

（2）辞谢通知。企业也应该用礼貌的方式通知未被录用的应聘者，可以通过电话用委婉的语言通知，但用正式的信函告知更能树立良好的企业形象，对今后的招聘会产生有利的影响。

3. 员工入职

当一名职位候选人经过层层选拔被录用后，在正式进入该单位工作前，还要经过以下一些入职程序。

（1）与录用员工签订《聘用意向书》，双方签字后生效，人力资源部保存原件，录用员工留存复印件。

（2）新员工的人事档案转入公司统一的档案管理机构。

（3）人力资源部门把将要正式入职的员工信息录入员工信息管理系统，与新员工预先约定时间到公司正式入职。

（4）让新员工填写档案登记表，并与新员工签订劳动合同，办理各种福利转移手续。

（5）进行入职面谈。根据录用岗位的职级高低选择录用面谈的执行者。通常录用经营管理层的高级管理人员，由董事长、总经理或人力资源专家执行；如果是中层管理人员，由分管的公司领导（副职）来执行；如果是基层管理人员，由部门主管或分管领导来执行；普通员工的录用面谈则由人力资源部主管来执行。面谈的内容主要就企业目标、企业文化、薪酬待遇、工作职责、工作思维和方法等方面展开。录用面谈的目的是加强录用人员与企业的相互了解与沟通，解答录用人员关于企业的所有问题，为今后的工作开展打下一个良好的基础。

（二）招聘评估

招聘评估是在完成招聘流程中各阶段工作的基础上，对整个招聘活动的过程及结果进行评价并总结，检查是否达到预期的招聘目的，以求不断改进的工作过程。招聘评估是整个招聘工作的最后一个步骤，也是十分必要的一个环节，通过对招聘的评估，可以帮助企业发现招聘过程中存在的问题，对招聘计划制订以及人才选拔方法运用等各项工作进行优化，提高以后招聘的效果。

1.成本效益评估

成本效益评估主要是对招聘成本、成本效用，以及招聘收益成本比进行计算和评价。

（1）招聘成本评估。

招聘成本由以下几个方面构成。

招募成本。为吸引和招聘到企业所需的人力资源而发生的费用。主要有：①招募人员的直接劳务费用；②直接业务费用，包括参加招聘费、差旅费、招聘代理费、专家咨询费、广告宣传费等；③间接管理费用，包括行政管理费，如场地及设备使用等支出；④预付费用，如人才的委托培养费等。

选拔成本。对应聘人员进行鉴别甄选，做出录用决策过程中所支付的费用。包括面试考官及工作人员的报酬、印发申请表、考试费用、心理测验费用、体检费用等。

录用成本。办理录用手续费用、调动补偿费、搬迁费、路途补助费、向原单位缴纳的违约补偿金、培训或教育补偿费用等。

安置成本。为安置录用员工到具体的工作岗位所发生的费用。如安排新员工的各项行政管理费用，如购置办公设备、安排办公场地、提供住房等。

（2）成本效用评估。

对招聘成本所产生的效果进行分析，主要包括：招聘总成本效用分析、招募成本效用分析、人员选拔成本效用分析、人员录用成本效用分析等。

（3）招聘收益成本比。

既是一项经济评价指标，又是对招聘工作的有效性进行考核的一项指标。招聘收益成本比越高，说明招聘工作越有效。

2. 录用人员评估

录用人员评估是指根据招聘计划对录用人员的数量和质量进行评估的过程。

（1）录用人员数量评估。

如果录用比越小，则说明录用者的素质越高；反之，则录用者的素质较低。如果招聘完成比大于100%，则说明在数量上超额完成招聘计划。应聘比越大，说明发布的招聘信息效果越好，录用人员的素质可能较高。

（2）录用人员质量评估。

录用人员质量评估可以通过录用者在工作岗位上的工作表现、实际工作业绩以及发展潜力进一步评估其与工作岗位的匹配程度。

3. 招聘工作总结

招聘评估工作完成以后，应对整个招聘工作进行书面总结，对招聘的实施、招聘工作中的优缺点等进行仔细回顾分析，撰写招聘总结，作为一项资料存档，为以后的招聘工作和人力资源管理的其他工作提供信息。

第三节　员工培训开发的程序及方法

一、员工培训开发的基本程序

在实践中，企业的培训工作是按照一定的程序和步骤进行的，程序化的培训流程是其可操作性、目的性和有效实施的基本保证。按照培训的时间序列和内在逻辑，通常将一个完整的培训周期划分为几部分：培训需求分析、培训方案制订、培训实施和培训评估与反馈。

（一）培训需求分析

1.培训需求分析的思路

培训前的需求分析是培训与开发工作的起点，它决定着培训的目标和培训活动的方向。关键是详细分析现状与目标之间的差距，还要判断这些差距中哪些是可以通过培训解决的，哪些是不能通过培训解决的，并以此确定培训需求。只有正确把握了培训的需求状况，才能真正有效地组织实施培训。通常培训从三方面进行需求分析：组织分析、任务分析和人员分析。

（1）组织分析。

在确认企业组织层面的培训需求时，其主要依据是企业的经营发展战略，还有组织目标、结构、内部文化、政策及未来发展等因素，企业的发展战略不同，经营的重点就会不同，因此培训的重点和方向也不同。

（2）任务分析。

任务分析主要是通过查阅工作说明书或具体分析完成某一工作需要的技能，了解员工有效完成该项工作必须具备的条件，并找出差距，确定培训需求。在进行任务分析时，一般要按照下列步骤来进行：首先，选择有效的方法，列出一个岗位所要履行的工作任务的清单。其次，对所列出的任务清单进行确认，包括任务的执行频率、花费时间、难度、复杂程度等。再次，对每项任务需要达到的标准做出准确的界定，尽量用可以量化的标准来表述，例如"每小时生产20个"。

最后，确定完成每项工作任务的KSA范围，K（Knowledge）就是知识，S（Skills）就是技能，A（Abilities）就是态度。

（3）人员分析。

人员分析是针对员工来进行的，包括两个方面的内容：一是对员工个人的绩效做出评价，找出员工现状与绩效标准之间的差距，以此确认培训需求；二是根据员工的岗位变动计划，将员工现有的状况与未来岗位的要求进行比较，以确定培训需求。通过人员分析，确定出企业中哪些人员需要接受培训以及需要接受什么样的培训。

在实践中，组织分析、任务分析和人员分析并不一定要按照某种特定的顺序来进行，但是，由于组织分析关注的是培训是否与企业的战略目标相匹配，主要解决的是企业层面的问题，因此进行培训需求分析时往往需要先进行组织分析，其次才是任务分析和人员分析。

2.培训需求分析的方法

培训需求分析的方法有很多，其中最常用的方法有四种：观察法、问卷调查法、资料查阅法和访问法。观察法指直接到工作现场，通过观察员工的工作过程来进行培训需求的分析；问卷调查法就是将有关问题编制成问卷，通过员工填写问卷来收集信息进行培训需求分析；资料查阅法就是通过查阅有关的资料，比如专业期刊、技术手册、工作记录等来对培训需求进行分析；访问法是通过访问的方式来获取信息进行培训需求分析的方法，访问可以是面对面的，也可以借助其他媒介，可以是集体访问，也可以是单独访问。在实践中，企业要根据实际情况来选择合适的方法。

（二）培训方案制订

为了保证培训活动的顺利实施，需要根据培训目标制订出培训方案，它是培训目标的具体化与操作化，以此来指导培训的具体实施。一般来说，一个比较完备的培训方案应当涵盖6个"W"和1个"H"的内容，即Why（培训的目标）、What（培训的内容）、Whom（培训的对象）、Who（培训者）、When（培训的时间）、Where（培训的地点及培训的设施）、How（培训的方式方法以及培训的费用）。

1. 培训目标

培训目标是指培训活动所要达到的目的，即企业期望员工以什么标准，在什么条件下去完成什么样的事情，以最终提高工作绩效。培训目标的制订不仅对培训活动具有指导意义，而且是培训评估的一个重要依据。

2. 培训内容

培训内容可以分为三大类。

一是知识类培训，又称为认知能力学习，通过培训，员工具备完成岗位工作所必需的基本业务知识，如了解企业的基本情况、发展战略、经营方针、规章制度等。

二是技能类培训，又称为肌肉性或精神性运动技能的学习，通过培训，员工掌握完成岗位工作所必备的技术和能力，如谈判技术、操作技术、应变能力、沟通能力、分析能力等。

三是态度类培训，又称为情感性学习，它与人的价值观和利益相联系。通过培训，员工具备完成岗位工作所要求的积极态度，如合作性、积极性、自律性和服务意识等。为了便于员工学习，一般都要将培训的内容编制成相应的教材。培训的内容不同，教材的形式也不尽相同。

3. 培训讲师

培训讲师选择得恰当与否对于整个培训活动的效果和质量的保障有着直接影响，优秀的培训讲师往往能够使培训工作更加富有成效。

优秀的培训讲师应该具备良好的职业素养、丰富的培训经验和优秀的培训能力（包括讲解或口头表达能力、沟通与交流能力、问题的发现与解决能力、多媒体信息应用能力）。

4. 培训方法及培训费用

一般情况下，企业应该根据培训的内容以及成人学习的特点来选择相应的培训方法。比如，成人喜欢在"干"中"学"、成人是通过与原有知识的联系和比较来学习的、培训最好能运用实例、成人更倾向于在非正式的环境氛围中学习、培训师应该是学习的促进者和推动者、反复实践、熟能生巧、给予信息反馈、循序渐进、交叉训练、培训活动应紧扣学习目标、培训师要有激情、重复学习、加深记忆等。

由于培训都是需要支出费用的，因此在培训计划中还需要编制培训预算。这里的培训费用一般只计算直接发生的费用，如培训地点的场租、培训的教材费、培训讲师的授课费、培训的设备费等。对培训费用做出预算，既便于获取资金支持以保证培训的顺利实施，也是进行培训评估的一个依据。

（三）培训实施

在培训实施过程中，要制作培训实施计划表和培训方案具体实施表，通过这两张表的制作，落实培训对象、培训讲师、培训地点、培训时间、培训内容等各种事项，确保培训的实施和取得相应的效果。

（四）培训评估与反馈

培训的效果如何，可以从被培训员工所获得的知识、技能、态度的变化和其他特性应用于工作的程度和有效性来得到反馈。培训效果可能是积极的，这时工作绩效会得到提高，这也是培训的根本目的；也可能是消极的，还可能是中性的，工作绩效会没有变化，甚至是恶化。培训的有效性评估最有代表性的观点是柯克帕特里克（Kirkpatrick）评估模型。

1.反应评估

反应评估是指被培训员工对培训项目的满意度，关注的是被培训员工对培训项目及其有效性的主观感受和看法，是最基本、最常用的评估方式。例如，可以询问："您喜欢此次培训吗？""对培训讲师满意吗？"反应评估可以采取问卷调查法、面谈法、座谈法等方法。

2.学习评估

学习评估是指被培训员工在接受培训以后，知识、技能、态度方面是否有所提高或改变以及有多大程度的提高或改变，更多地停留在认知层面上。学习评估可以采取考试法（知识）、实际操作（技能）、自我评价量表（态度）等方法。

3. 行为评估

行为评估是指被培训员工在接受培训以后工作行为发生的改变程度，也可以看作是对学习成果的运用，在工作中是否改进了以前的行为，是否运用了培训的内容。员工行为和组织效益的改变才是企业最终关注的结果。行为评估可采用360度反馈法，从多方面进行评估，或者采用常用的行为评价量表。

4. 结果评估

结果评估是与组织利益最为相关，也是最重要的评估层面。结果评估衡量经过培训后，组织的绩效是否得到了改善和提高，包括事故率下降、产品品质提升、流失率下降、员工士气提高、成本下降、利润增加等评估指标。

二、员工培训开发的主要方法

培训与开发有很多种方法可供选择，采用恰当的培训方法对于培训的实施以及取得良好的培训效果都具有非常重要的影响。培训与开发的方法，按照培训的实施方式可简单分为两大类：一是在职培训；二是脱产培训。

（一）在职培训方法

在职培训就是指员工在实际工作岗位和工作场地进行的现场培训，也称"在岗培训""不脱产培训"。通常表现为安排新员工跟着有经验的员工或主管人员，一边接受培训一边工作。培训环境就是实际工作的环境，员工培训的内容可以及时运用到实际工作中去。常用的在职培训方法主要有以下几种。

1. 师徒制

师徒制即"师傅带徒弟"，是一种最为传统的在职培训方式。由经验丰富的员工作为师傅，和新员工结成比较固定的师徒关系，并由师傅对徒弟的工作进行指导和帮助。这种培训方法大多用于技术技能培训的领域，如电工、机床操作工、木匠等。这种方法比较节约成本，而且有利于迅速掌握工作技能，问题是培训的效果受师傅因素的影响比较大。如今在不少高科技企业，这种形式逐渐演绎成为"导师制"，如摩托罗拉、华为等公司都采用了这种培训方法。

2. 工作轮换

工作轮换亦称为轮岗，是通过调动员工工作岗位来进行培训的方法。通过岗位的变化可以使员工丰富工作经验，扩展知识广度，增强技术技能；通过了解其他岗位的工作内容和情况，员工能够胜任多方面的工作。这种方法更适用于对新进入企业的年轻管理人员或有管理潜力的未来管理人员的培养。

3. 教练

教练方法源于体育，是一种由管理人员与专业顾问进行的一对一的培训方式。企业教练不只是一种知识传输或者技巧训练，它更着重于"激发人的潜能"，注重一种态度训练。教练并不是解决问题的人，而是为培训对象提供一面镜子，使培训对象能洞悉自我，把握自己的状态和情绪，发挥自己的能动性，找到最适合自己的方法，有效快捷地达到培训目标。这种方式要求教练人员要有丰富的人生经验和综合的素质能力，性格阳光、对人热诚、富有人格魅力、亲和力强。

在企业中，适用教练方法的员工主要有以下几类：一是希望提高绩效，使工作更有效率，向往成功的人；二是希望改变生活，但尚没有方向、目标和手段的人；三是长期在工作压力下生活的人。

4. 行动学习

行动学习是一种以完成预定工作任务为目的，在团队成员支持帮助下持续不断地反思实际中遇到的情景问题，以帮助人们形成积极的工作态度，通过合作分析问题并制订、实施解决问题的行为方案，提高解决实际问题能力的培训方式。行动学习是一种实际的演练，通过小组成员的合作和情感互动，在实践中学习，在思考中学习，使组织成员获得和提升创造性解决问题的能力。

（二）脱产培训方法

脱产培训就是指员工离开自己的工作岗位专门参加的培训。脱产培训的方法主要有以下几种。

1. 演讲法

演讲法是最普遍也是最基本的一种培训方法，就是培训讲师以讲授的方式把培训内容表达出来，传授给培训对象的培训方式。其特点是可以同时对一批人员进行培训，成本比较低、针对性较强，培训讲师能够对培训过程进行有效控制，使培训对象在较短的时间内接受大量的有用信息。其缺点也非常明显，培训讲师和培训对象之间主要是一种单向沟通，对话、提问和讨论的机会很少，缺乏反馈和练习，培训对象比较被动，所以演讲法大多用于一般性的知识培训。如今，应用录像、幻灯片等现代化技术工具也使演讲法增色不少。

2. 案例分析法

案例分析法是指给培训对象提供一个现实案例，经过他们的独立分析和共同讨论后，做出判断，并提出解决问题方案的一种培训方式。案例分析法的最终目的并不是要给出一个确定的答案，而是要借助这种方式，使培训对象学习如何分析问题和解决问题，有助于培养培训对象独立分析解决问题的能力。由于案例大多来自企业的真实事件，其素材的收集和提炼往往比较困难。此外，这种方法对培训者的要求也比较高，不仅要求培训者能控制局面，而且能提出指导意见，给培训对象以启发。

3. 角色扮演法

角色扮演法在招聘选拔中是一种有效的测评方法，在培训与开发中也是一种常用的培训方法。在角色扮演时，首先要给培训对象提供一个真实的情境，让他们在其中分别扮演不同的角色，通过表演去体验他人感情或体验在特定环境中的反应和处理问题的方式。在扮演过程中培训者随时对扮演者加以指导，结束后组织大家进行讨论和评价。通过扮演，培训对象可以换位思考，体会到与自己工作有关的其他角色的心理活动，从而有助于改正过去工作中的不良态度和行为，有助于促进新想法和新策略的产生。角色扮演法的互动性和参与性很强，有利于建立良好的人际关系。其不足之处在于操作起来复杂，对培训人员有很高的要求，大多用于态度改变的培训。

4. 网络培训法

随着计算机和网络技术的发展，通过网络媒介进行培训的方法正在逐渐成为一种趋势。网络培训突破了传统培训的固有模式，跨越时间和空间，在不同时间和地点都可以进行培训。E-learning 作为一种新的企业人力资源培训与开发方式，已经成为企业员工培训的重要手段。其主要做法是，在公司内部开设网络课程，或由专业培训公司提供课程，培训者和培训对象不必再面对面地进行培训，学员可以通过网络技术和计算机的辅助在世界范围内进行自主学习。网络培训法的前提是建立完备的计算机网络系统，后期的网络课程开发和维护都需要投入不少费用，所以网络培训的成本比较高。

此外，涉及技能和态度类内容的培训，网络培训法还有待进一步发展与完善。

第四章　员工绩效管理与绩效考核

第一节　绩效管理概述

所谓绩效管理是指管理者与员工之间在目标与如何实现目标上所达成共识的过程，以及增强员工成功地达到目标的管理方法和促进员工取得优异绩效的管理过程。按管理主题来划分，绩效管理可分为两大类，一类是激励型绩效管理，侧重于激发员工的工作积极性，比较适用于成长期的企业；另一类是管控型绩效管理，侧重于规范员工的工作行为，比较适用于成熟期的企业。但无论采用哪一种考核方式，其核心都应有利于提升企业的整体绩效，而不应拘泥于具体的考核指标的得分。

一、绩效考核与绩效管理

绩效管理与绩效考核既存在联系也存在区别：①绩效管理以组织战略为导向，是一个完整的管理过程，包括绩效计划制订、绩效的辅导与实施、绩效评价和绩效反馈；绩效考核只是其中的一个环节，重在判断和评估。②绩效考核是做好绩效管理的必要条件，没有绩效考核是做不好绩效管理的。③绩效考核是绩效管理的初级阶段，侧重于考，与标准相对照。只有比较、不注重组织绩效持续改进的考评不能持久地促进企业战略目标的实现，而绩效管理要求以战略为导向，注重组织绩效的持续改进和员工能力的提升。归根结底，考核不是为考评而考评，它必须与绩效管理的其他环节相联系，以战略为导向，促进企业战略目标的实现。

二、绩效管理与其他环节的联系

绩效管理体系是其他人力资源管理环节的重要支撑，绩效管理与其他环节的联系如下。

（一）绩效管理与人力资源规划的联系

绩效管理为人力资源规划提供了关键性的信息。一个组织的人才库也是基于绩效管理体系收集的信息建立起来的。通过绩效管理制订的开发计划为组织提供在未来要掌握的技能方面的信息。这些信息还可以为员工的招聘和录用提供依据。当一个组织需要考虑具有哪些技能的人才需要从组织外部引进，而具有哪些技能的人才可以从内部选拔的时候，对当前以及未来人才的储备状况的了解就显得非常重要了。

（二）绩效管理与工作分析的联系

绩效管理的重要基础是工作分析。工作分析的目的就是要告诉我们某个职位是干什么的以及由什么样的人来干，即确定一个职位的工作职责以及它所提供的重要工作产出，据此制订对这个职位进行绩效考核的关键绩效指标（KPI），而这些关键绩效指标就为我们提供了评价该职位任职者的绩效标准。可以说，工作分析提供了绩效管理的一些基本依据。

（三）绩效管理与招聘甄选的联系

在对人员进行招聘或开发的过程中，通常采用各种人才测评手段，包括心理和个性测验、行为性面谈以及情景模拟技术等，这些测评方法侧重考查人的一些价值观、态度、性格、能力倾向或行为风格等难以测量的特征，以此推断人在未来的情境中可能表现出来的行为特征。而绩效考核主要是针对人的"显质"进行测评，侧重考查人们已经表现出来的业绩和行为，是对人的过去表现的评估。从现有员工的绩效管理与考评记录可以总结出具有哪一些特征的员工适合本组织。因此，在招聘选拔过程中，就可以利用历史资料进行有效甄选。

（四）绩效管理与培训开发的联系

绩效管理的主要目的是了解目前人们绩效状况中的优势与不足，进而改进和提高绩效，因此培训开发是在绩效考核之后的重要工作。在绩效考核之后，主管人员往往需要根据被评估者的绩效现状，结合被评估者个人发展愿望，与被评估者共同制订绩效改进计划和未来发展计划。人力资源部门则根据员工绩效评价的结果和面谈结果，设计整体的培训开发计划，并帮助主管和员工共同实施培训开发。

（五）绩效管理与薪酬福利的联系

越来越多的组织将员工的薪酬与其绩效挂钩，而不再像传统的工资体系中只强调工作本身的价值。在不同的组织中采用不同的薪酬体系，对不同性质的职位而言，绩效所决定的薪酬成分和比例有所区别。通常来说，职位价值决定了薪酬中比较稳定的部分，绩效则决定了薪酬中变化的部分，如绩效工资、奖金等。

第二节　绩效管理的实施流程

绩效管理是一个连续、循环的过程，这个循环分为五步：绩效计划、绩效沟通、绩效评估、绩效反馈、绩效评估结果的运用。

一、绩效计划

绩效计划是管理人员与员工共同讨论以确定员工考核期内应该完成哪些工作和达到怎样的绩效水平的过程。绩效计划在整个绩效管理过程中的地位不亚于绩效评估环节，究其原因，主要在于评估仅仅是从反光镜中往后看；而绩效计划是往前看，以便在未来能获得更好的绩效，而不是分析和关注那些过去的、不能改变的绩效。此外，绩效计划可以帮助管理人员和员工明确目标和努力的方向，避免事倍功半。绩效计划的制订过程分为准备、沟通和审定与确认三个步骤。

（一）绩效计划的准备工作

绩效计划通常是通过管理人员与员工双向沟通的绩效计划会议得到的。为了使绩效计划会议取得预期的效果，事先必须准备好相应的信息。这些信息主要包括：

一是组织的信息。为了使员工的绩效计划能够与组织的目标结合在一起，管理人员与员工将在绩效计划会议中就组织的战略目标、年度经营计划进行沟通，并确保双方对此没有任何歧义。

二是部门的信息。每个部门的目标是根据组织的整体目标逐渐分解而来的。不但经营的指标可以分解到生产、销售等业务部门，而且对于财务、人力资源部等业务支持性部门，其工作目标也与整个组织的经营目标紧密相连。

（二）绩效计划的沟通

绩效计划的沟通是整个绩效计划的核心阶段，是一个双向沟通的过程。在这个阶段，管理者与员工必须经过充分的交流，使员工在本次绩效期间的工作目标和计划达成共识。沟通的过程和方式并不是千篇一律的，通常绩效计划会议是绩效计划制订过程中进行沟通的一种普遍方式。

在进行绩效计划沟通时，往往首先需要回顾一下已经准备好的各种信息，包括组织的经营计划信息、员工的工作描述和上一个绩效期间的评估结果等。在组织的经营目标基础上，每个员工需要设定自己的工作目标，并把工作目标分解为可评估的绩效指标。绩效指标的设定方式将在下一部分作详细介绍。

（三）绩效计划的审定与确认

在制订绩效计划的过程中，对计划的审定和确认是最后一个步骤。在这个过程中要注意以下两点。

第一，管理人员和员工应确认双方是否达成了共识。绩效计划的主要目的就是让组织中不同层次的人员对组织的目标达成一致。如果所有的管理人员与员工的意见都能达成共识，那么组织的整体目标与全体员工的努力方向就会取得一致。

第二，员工的工作职责和描述已经按照现有的组织环境进行了修改，可以反映本绩效期内主要的工作内容。管理人员和员工都十分清楚在完成工作目标的过程中可能遇到的困难和障碍，并且明确管理人员所能提供的支持和帮助。

二、绩效沟通

（一）绩效沟通的含义

绩效沟通是连接绩效计划和绩效评估的中间环节，也是耗时最长的一个环节。一旦绩效周期开始启动，员工就必须为达成结果而努力，并且展示出在早些时候自己同意履行的行为，同时满足开发计划所提出的各项要求。在整个绩效周期内，管理者积极指导下属工作，与下属进行持续的绩效沟通，以期达到更好地完成绩效计划的目的，这就是绩效实施的过程。该过程为任务的分配者和执行者提供了一个定期交流的机会，使双方有机会讨论各自的期待以及这些期待目前的实现状况。

从绩效沟通的内容上看，不能将之简单视为对下属工作行为的束缚，而应视为管理者始终关注下属的各项活动，以保证它们按计划进行，并纠正各种重要偏差的过程。那种认为员工在了解绩效计划之后就能够正确地执行计划，等到绩效周期结束后再进行绩效评估的想法，是十分错误的。在整个绩效期间，管理者与员工之间进行的持续的监督和控制是绩效管理发挥最直接作用的环节。这个阶段作为连接计划绩效和评价绩效的中间环节，对绩效计划的执行和绩效的公正评价有着极其重要的作用。它要求管理者与员工进行持续不断的沟通，同时这一阶段也是管理者记录员工的关键事件的主要时刻。

（二）绩效沟通存在的误区

绩效计划是否能够落实和完成要依赖于绩效沟通，绩效评估的依据也是来自绩效执行的过程中，这个过程做得怎样将直接影响绩效管理的成败。然而绩效沟通与管理的过程往往容易被人们忽视，在这个过程中还存在着一些误区。

误区一：绩效管理重要的是计划和评估，中间的过程是员工自己工作的过程。不少管理者认为对于绩效管理来说，重要的是事先做好计划以及在绩效期结束时对绩效进行评估，而中间的过程则不需要进行过多的干预，这样做可能会存在风险。不管组织的绩效评估是三个月做一次、半年做一次还是一年做一次，对员工的反馈都应该是持续不断的。不应当在年初与员工制定了绩效目标之后，到年末进行绩效评估时才对员工反馈，这样做的结果很有可能使员工的离职率上升。

误区二：对员工绩效的管理就是要监督检查员工的工作。要时刻关注员工的工作过程。有些经理人员总是表现出对员工不放心的态度，总担心员工无法很好地完成工作，因此过多地关注员工的工作细节。其实绩效管理往往是一种目标管理，经理人员应该花精力关注的是员工的工作结果，也就是工作目标的达成情况，对于具体的工作过程，不必过分细致地关心。而有的经理人员则不但关心员工做出了什么结果，还关心员工是怎样做出这种结果的。员工认为既然给自己设定了目标，那么自己应该有一定的权利决定如何达成目标，经理人员不必事无巨细地干涉自己的行动自由。如果经理人员管得过细，员工就会有不被充分信任的感觉。

误区三：认为花费时间做记录是一种浪费。在绩效执行的过程中，有些人常常认为员工是最忙碌的，而经理人员则是把任务分派下去，自己就没有什么事情做了。其实，经理人员有大量的事情需要做，至少为了在绩效期满进行评估时能够拿出事实依据来，他们应该做大量的记录。而有的经理人员则过分相信自己的记忆力，不愿花费时间做记录，这样在进行评估时只能依靠印象，难免有凭主观判断的倾向。在绩效执行的过程中不做记录，一方面，在绩效评估时对工作表现的记忆不够清晰，容易造成对事实的歪曲；另一方面，在与员工进行沟通时，没有足够的事实依据在手中，容易引起争议。所以，在制订了绩效计划之后，绩效执行与管理的过程中需要做的事情有两件：一是持续的绩效沟通；二是对工作表现的记录。

三、绩效评估

绩效评估一般指绩效考核。

（一）绩效评估主体的选择

1.管理者对员工的评估

这是评估员工使用最广泛的方法，它基于这样的假设，即直系主管是公平地评估员工绩效的最适合的人。这是由于员工的直接上级通常是最熟悉下属工作情况的人，同时，绩效评估作为绩效管理的一个重要环节，为他们提供了一种监督和引导员工行为的手段，从而帮助他们促进部门或团队工作的顺利开展。

2.员工对管理者的评估

现在，有些组织要求员工或组织成员对管理者及经理的绩效进行评估。这种评估类型的最好例子是在大学中，学生在课堂上对老师进行评估。绩效评估同样用于管理人员的发展目标。员工对管理者进行评估有三个优点：第一，在复杂的管理者—员工关系中，员工的评估对确认有能力的经理是非常有用的。第二，这种评估可以使得管理者对员工更加负责。如果管理者把重点放在"和蔼"而不是管理上，那么这个优点将很快变成缺点，因为在很多场合，和蔼但没有其他条件的人并不是一个好的经理。第三，员工的评估对管理者的职业生涯发展也有一定的作用，他可以找出自己哪些方面需要改进。

3.团队的评估

同事或团队成员之间相互评估是评估的另一种形式，它可能会给予帮助或造成伤害。研究表明，这种方式的信度与效度都很高，因为当上级主管没有机会观察到每个员工的工作时，其他同事却看到了，并且团队成员经常以一种与上级不同的眼光来看待同事的工作绩效，他们会更加注重相互之间在工作中的合作情况。但是也有一些人认为这样的方式有负面影响。虽然团队成员对彼此之间的工作会有认同，但他们不会分享，他们可能会不公平地攻击交情较差的同事。一些组织试图通过匿名评估或由一个顾问或人力资源管理人员来解释团队或个人的评价来解决这些问题。尽管有这些问题存在，团队或个人绩效评估仍然是不可或缺的，尤其是在那些广泛使用团队工作的组织中。

4.自我评估

自评是在一定的情形下进行的。作为一种自我发展的工具，它使得员工去考虑他们自身的优点和缺点，设定目标去改进。那些孤立工作或拥有独特技能的员工是唯一能对他们自己做出评价的人。而且，员工对自己的评价不会像管理者对他们的评价那样，他们会使用不同的标准。有证据显示，无论人们更仁慈或更苛求，自我评价通常要高于管理者的评价。尽管如此，对于发展来说，员工的自我评价是一项非常重要的绩效信息来源。

5.外界人员的评估

团队以外的人可能被要求来做绩效评估。在这方面，评估方法包括来自人力资源部的人作为评价者，或全部是组织外部的独立的人作为评价者。例如，一个评价小组通过衡量一位大学校长或经理的座谈会来评价管理者对组织发展的潜在贡献。这种方法的缺点是，外界的人可能不知道工作团队或组织中的重要需求。顾客或组织的客户是显而易见的外界评估来源。例如，对于销售或服务工作来说，顾客对员工的工作行为可能会提供非常有用的信息。一家公司通过衡量顾客对服务的满意度来决定市场销售经理的奖金。

6.360度评估

360度绩效考评体系通过不同的评估者（上级主管、同事、下属、顾客和本人等）从不同的角度来全方位、准确地评估员工的工作业绩。对于不断增加的工作来说，员工绩效是多维度的，而且是跨越部门、组织，甚至是全球性的。360度反馈的主要目的不是通过收集具有相似意向的观点来增加其相似度，取而代之的是，它需要不同角色的个人员工的评价。

（二）评估中可能出现的问题

在绩效评估中，可能会存在以下几个方面的问题。

1. 评估依据产生的问题

一是绩效评估标准不清晰。评估标准应该根据员工的工作职能设定；应该建立在工作分析的基础之上，确保绩效评价标准是与工作密切相关的；应该设定合理且具有挑战性的目标。绩效评价标准不严谨，就无法得到客观的绩效评价结果，而只能得出一种主观的印象和感觉。比如，有的评价者非常严厉，而有的评价者则非常宽松；一些员工水平一般，却得到很高的评价等级，这就很不公平。

二是绩效指标不科学。对于科学确定绩效评估的指标体系以及如何使评估的指标具有可操作性，许多组织考虑得并不周到，缺乏定量判断，定性判断多。比如就工作态度来说，什么样的工作态度可以称作是"好的"，什么样的工作态度可以称作"一般"，不同的人会有不一样的看法。采用过多的定性指标无法避免评估组织者的主观判断，丧失了评估工作的有效性。

三是评估的内容不够完整，不能全面地评价工作业绩，或以偏概全，如KPI不全等。因此，无法正确评价员工的真实工作绩效。另外，许多组织的评估内容千篇一律，不同类型的部门评估内容差别不大，针对性不强。这在很大程度上影响了评估结果的客观性、真实性和准确性。

2. 评估者主观因素产生的问题

在绩效评估中，评估者往往是评定结果可靠性的重要决定因素。但在评估过程中，评估者总是会存在一些心理干扰，影响评估的质量。

晕轮效应：晕轮效应是指评估者对某一方面绩效的评价影响了对其他方面绩效的评价。在评估中将被评估者的某一特点扩大化，以偏概全，通常表现为一好百好，或一无是处，要么全面肯定，要么全面否定，因而影响评估结果。例如，对于一个不太友好的考评对象，评估者通常会认为其"与其他人相处的能力较差"，而且也极可能认为该员工在其他方面的表现也较差。这种情况显然会影响评估的客观性。

宽松或严厉倾向：绩效评估要求评估具有某种程度的确定性和客观性，但评估者要做到完全"客观"是很难的。宽松或严厉评估误差的原因主要是缺乏明确、严格、一致的判断标准，评估者往往根据自己的人生观和过去的经验进行判断，在评价标准上主观性很强。

趋中趋势：趋中趋势是指给大多数员工的评估得分在"平均水平"的同一档次，并往往是中等水平或良好水平，这也是评估结果具有统计意义上的集中倾向的体现。无论员工的实际表现如何，统统给予中间或平均水平的评价。这样做的结果是使评估结果失去价值，因为这种绩效评估不能在人与人之间进行区别，既不能为管理决策的制订提供帮助，也不能为人员培训提供有针对性的建议。这样，绩效评估必定是含糊的，无法对员工形成正面、有效的引导机制。

近因效应：近因效应是由于评估者对被评估者的近期行为表现往往产生比较深刻的印象，从而对整个评估期间的工作表现缺乏长期了解和记忆，以"近"代"全"，只是对最后一阶段的评估。尤其当被评估者在近期内取得了令人瞩目的成绩或犯下过错时，近因效应会使评估出现偏高或偏低的倾向。

成见效应：成见效应是评估者由于经验、教育、世界观、个人背景以及人际关系等因素而形成的固定思维对评估评价结果的刻板影响。例如，有研究表明，在工作绩效考评中存在这样一种稳定趋势，即老年员工（60岁以上者）在"工作完成能力"和"工作潜力"等方面所得到的评价一般都低于年轻员工。

对比效应：对比效应是由评估者对某一员工的评价受到之前考评结果的影响而产生的。比如，假定评定者刚刚评定完一名绩效非常突出的员工，紧接着评定一名绩效一般的员工，那么很可能将这名绩效本来属于中等水平的员工评为"比较差"。对比效应也很可能发生在评估者无意中将被评估者新近的绩效与过去的绩效进行对比的时候。例如，一些以前绩效很差而近来有所改进的员工可能被评为"较好"。

（三）避免绩效评估误差的措施

对工作绩效真实评估，并保持对员工的有效激励和反馈，组织就能激发起每位员工的工作积极性和创新精神，推动其能力发展与潜能开发，形成一支高效率的工作团队。为了减少绩效评估中的偏差，提高绩效评估过程和结果的正确性，需要采取以下措施。

1. 制订客观、明确的评估标准

在绩效评估中，应保证向所有的评估对象提供明确的工作绩效标准，完善组织的工作绩效评价系统，把员工能力与成果的定性考察和定量评估结合起来，建立客观且明确的管理标准，定量评估，用数据说话，以理服人。绩效评估标准要明确：一是评估指标尽量以可量化的、可实际观察的为主，同时应尽量简洁，否则会加大评估组织者的工作负荷；二是在确定评估指标时，要充分考虑组织的自身特点，建立有针对性的、切实符合组织实际管理要求的指标体系。

2. 选择评估人员，进行培训

选用较为客观的评估者来进行工作绩效评估，是使评价客观化的一个重要组成部分。要在评估方案实施过程中保证评估的公正性和客观性，必须对承担主要评估职责的评估者进行培训，否则就会出现晕轮效应、趋中趋势、成见效应等倾向。进行评估培训，首先，要通过培训提高评估者对绩效评估重要程度的认知水平，从而加强其对评估工作的重视和投入。其次，要指导评估者认真学习绩效评估的内容和各项评估标准，使其深刻了解整个评估结果。最后，对评估者认真讲解各项评估指标的含义，使其把握对被评估者进行日常观察的关键点，从而提高其观察力与判断力。此外，还要让评估者了解在绩效评估过程中容易出现的问题、可能带来的后果，以避免这些问题的发生。

3. 注重绩效评估反馈，建立绩效面谈制度

绩效反馈的主要目的是改进和提高绩效。通过反馈，被考评者知道自己在过去的工作中取得何种进步，尚有哪些方面存在不足，有待在今后的工作中加以改进和提高。为了有效进行考评结果的反馈，应建立与员工面谈的制度。绩效面谈为主管与下属讨论工作业绩，挖掘其潜能，以及拓展新的发展空间提供了良好的机会；同时上下级之间进行面谈，能够全面了解员工的态度和感受，从而加深双方的沟通和了解。

4. 选择合理的评估方法和评估周期

为了避免评估方法不当而造成负面影响，组织在进行绩效评估时，要根据评估目的、评估内容等合理地选择评估方法。各种方法都有各自的适应性，因此关键是组织应该选择适合自己特点的评价方法。

另外，评估周期受很多因素影响。可根据奖金发放的周期长短、工作任务的完成周期、员工工作的性质来决定员工绩效评估的周期。如果每个管理人员负责评估的员工数量比较多，工作负担比较重，因此影响到业绩评估的质量，也可以采取离散的形式进行员工绩效评估，即当每位员工在本部门工作满一个评价周期时对这位员工实施绩效评估。

5. 建立申诉等审核制度

本着对员工、组织负责的态度，建立正式的申诉渠道和上级部门对绩效评估结果审查的制度。如果发生裁员或辞退事件，应整理相关的工作绩效评估书面材料，对裁员或辞退的原因做出解释，并妥善处理相关事宜。任何公司的绩效评估都不是十全十美的，没有最好的绩效评估方法，只有最适合的方法，简单实用或复杂科学，严厉或宽松，非正式的评估方式或系统性的评估方式，不同规模、不同文化、不同阶段的公司要选用不同的方式。

绩效评估是一把"双刃剑"，好的绩效评估制度可以激活整个组织；但如果做法不当，可能会产生许多意想不到的结果。总之，要真正把绩效评估落到实处，组织在体系设计与组织实施的过程中，就必须要有系统的眼光和思维，同时敢于迈开步伐，在实施绩效评估的过程中适时推动组织的变革前进，把公司建设为一个具有现代意识观念、行为模式以及能力结构的成长型组织。

四、绩效反馈

绩效反馈主要是通过评估者与被评估者之间的沟通，就被评估者在评估周期内的绩效情况进行面谈，在肯定成绩的同时，找出工作中的不足并加以改进。绩效反馈的目的是让员工了解自己在本绩效周期内的业绩是否达到所定的目标，行为态度是否合格，让管理者和员工双方达成对评估结果一致的看法；双方共同探讨绩效未合格的原因并制订绩效改进计划，同时，管理者要向员工传达组织的期望，双方对绩效周期的目标进行探讨，最终形成一个绩效合约。

绩效面谈是绩效反馈中的一种正式沟通方法，是绩效反馈的主要形式。正确的绩效面谈是保证绩效反馈顺利进行的基础，是绩效反馈发挥作用的保障。通过绩效面谈，可以让被评估者了解自身绩效，强化优势，改进不足；同时也可将组织的期望、目标和价值观进行传递，形成价值创造的传导和放大。其作用是多方面的：组织可以提高绩效评估的透明度，突出以人为本的管理理念和传播组织文化；同时有利于员工增强自我管理意识，充分发挥员工的潜在能力等。

绩效面谈的内容应围绕员工一个绩效周期的工作开展，一般包括四个方面的内容。

一是工作业绩。工作业绩的综合完成情况是评估者进行绩效面谈时最为重要的内容，在面谈时应该将评估结果及时反馈给被考评者，如果被考评者对绩效评估的结果有异议，则需要和下属一起回顾上一绩效周期的绩效计划和绩效标准，并详细地向下属介绍绩效评估的理由。通过对绩效结果的反馈，总结绩效达成的经验，找出绩效未能有效达成的原因，为以后更好地完成工作打下基础。

二是行为表现。除了绩效结果以外，主管还应关注被考评者的行为表现，比如对工作态度、工作能力的关注。

三是改进措施。绩效管理的最终目的是改善绩效。在面谈过程中，针对被考评者未能有效完成的绩效计划，考评者应该和被考评者一起分析绩效不佳的原因，并设法帮助被考评者提出具体的绩效改进措施。

四是新的目标。绩效面谈作为绩效管理流程中的最后环节，考评者应该在这一环节结合上一个绩效周期的绩效计划完成情况与被考评者新的工作任务，和被考评者一起提出下一个绩效周期中的新的工作目标和工作标准。

五、绩效评估结果的运用

多年以来，人们在绩效管理的实践中认识到，绩效评估实施的成功与否，关键的一点在于绩效评估的结果如何应用。绩效管理制度应该与组织中其他人力资源管理环节密切结合起来。例如，组织中的职位体系、胜任力模型、薪酬奖励制度、培训体系等都应该与绩效管理紧密相连。如果绩效优秀的员工不能得到应有的认可与回报，那么就难以引导员工向着优秀绩效努力。

（一）绩效评估结果运用之绩效改进

实施绩效改进计划的具体操作步骤如下。

1.确定绩效差距

可以通过描述工作要求的绩效与员工的实际绩效差异来确定绩效差距。

2.分析绩效不好的原因

一般而言，员工绩效不佳并不能简单地归咎于员工工作不努力，而应从员工、主管领导及环境因素三个方面分析原因。

第一，从员工身上找原因，主要有主观和客观两个方面，主观上最常见的是由于缺乏动力和足够的激励或对现在所从事的工作不感兴趣。而有些是主观上虽然工作意愿很强、积极性很高，但由于自己的能力、工作方法、身体状况、沟通技巧等客观因素而无法达到预期目标。

第二，主管领导也要进行自查。例如工作上缺乏沟通，对员工没有提供足够的帮助和支持，没有给员工适当的信任、授权、鼓励和激励，这些都是主管领导的责任，不能一味地把责任推给员工。

第三，组织内外部环境因素。组织内部资源的缺乏、制度不完善（如责、权、利分配不合理）、岗位变动等影响员工的工作效率和工作质量。而组织外部的环境如宏观经济的变动、国家新政策的出台、全行业的萎缩等，以员工个人力量是无法抗拒的，在这种情况下，要做的不是绩效改进而是绩效目标的调整。所以在行动之前，要先查明原因，看清方向，避免徒劳无功。

3.决定是否采取改进措施

确定了具体绩效差距，找到了绩效不佳的原因，然后就是决定是否有必要采取改进措施以消除差距。绩效差距总会发生，但有大有小，有轻有重，是否都需要改进呢？理论上应当把时间和精力花费在纠正重大差距上。一旦确定需要采取改进措施，就要帮助员工制订行动计划。

4.找出可能的改进办法

让员工的直接主管与他们一起，通过"头脑风暴"和"鱼骨图"的方式，找出所有可能的改进办法，最好能按员工、主管领导和外部环境，分门别类，列出一张详细的表格，有针对性地找出问题。

5.制订绩效改进计划

首先，确定改进目标。目标的选取应由上下级共同完成。基本上应以员工的要求为中心，在反馈面谈中，通过双方的沟通来决定。对于自己选择的，而不是被强加的目标，员工的积极性会更高，动机也更强；而且员工更了解自己的情况，哪些问题确实需要改进。因为有些在上级眼中认为很严重的问题，在员工看来根本不是问题。另外，应选择从容易改进的地方着手。如果改进计划顺利完成，就能够树立员工的信心，有助于后续改进计划的实行。

其次，对改进办法进行筛选，选出最有效、最经济的一种办法或几种办法综合考虑，确保计划实际可行。以选中的改进办法为主干，增加具体的行动计划，详细列出每一步工作的具体实行手段。要给每一步的工作制订截止日期，以便检查。

最后，要填写一份书面的、正式的绩效改进计划，单位主管领导和员工都保留一份，如有必要，人事部门也可备案。一份完整、正规的改进计划，相比一份潦草的草稿或仅仅是口头协议，更能够使员工产生认真对待的心理。

6. 实施、检查、制订新的改进计划

绩效改进计划的实施，可以看成是一个小型的、短期的绩效管理过程。在此期间，单位主管领导与员工间的沟通依然很重要，提供帮助、不断地督促和检查必不可少。如果员工的总体绩效已达标准，则考察作业停止并通知受考员工。对该员工的工作仍应保持密切的注意。观察其是否有退步的迹象，如确有低落现象，考察需再度开始并告诉员工；如果已有明显进步，但是还需要再继续改进，此时应重拟一份绩效改进计划并与受考员工一起研究；如果进步甚微或完全没有进步，单位主管领导应清楚地告诉该员工他正在察看阶段，如果在规定期限内不能达到标准，他就会被调职或降薪。此程序继续至该员工的整体考绩达到标准，或期限到期，改进工作终止。

（二）绩效评估结果的其他运用

第一，用于员工报酬的分配和调整。绩效评价结果最主要的一种用途是用于员工报酬的分配和调整。绩效评价最初的目的就是为了更好地评价员工对团队或组织绩效的贡献，以便在薪酬分配过程中体现公平性原则。一般而言，为了强调薪酬的公平性并发挥薪酬的激励作用，员工的薪酬中都会有一部分与绩效挂钩。当然因职位不同，与绩效挂钩的薪酬在总薪酬中所占的比例也会有所不同。如何有效地发挥薪酬的激励作用，寻求绩效管理与薪酬管理有机结合的方式，是大多数组织面临的一个难题。

第二，用于招聘与甄选。绩效评价的结果是组织做出招募计划的重要依据。

另外，在研究招募与甄选的效度时，通常都选用绩效评价结果作为员工实际绩效水平的替代，在人员招聘与甄选的过程中发挥重要的效标作用。也就是说，如果甄选是有效的，那么甄选时表现很好的人员的实际绩效评价结果也应该很好；反之，就有两种可能，要么甄选没有效度，要么甄选评价结果不准确。

第三，用于人员调配。员工绩效评价的结果是人员调配的重要依据。人员调配不仅包括纵向的升迁或降职，还包括横向的工作轮换。如果绩效评价的结果说明某些员工无法胜任现有的工作岗位，就需要查明原因并果断地进行职位调换，将他从现有的岗位上换下来，安排到其他能够胜任的岗位；同时，通过绩效评价还可以发现优秀的、有发展潜力的员工。对于在潜力测评中表现出特殊的管理才能的员工，可以进行积极的培养和大胆的提拔。这种培养还包括在各个职位之间的轮岗，培养其全面的能力并熟悉组织的运作，为其今后在部门间的交流与协调做好准备。

第四，用于人员培训与开发决策。人力资源的培训与开发是组织通过培训和开发项目提高员工能力和组织绩效的一种有计划的、连续性的工作。通过绩效评价的结果可以发现人员培训和开发的需要，也就是将员工的实际评价结果与职位要求相比较，一旦发现员工在某方面存在不足而导致不能完全胜任工作，但可以通过培训弥补，就需要对员工进行培训。另外，组织也会对未来的变化进行考虑，当绩效评价结果显示员工不具备未来所需要的技能或知识时，对员工进行开发是常见的选择。另外，绩效评价结果还可以作为培训的效标，也就是用绩效评价结果衡量培训效度。

第三节 绩效考核的方法解析

根据对绩效内涵的理解，绩效考核主要是对员工的特征、工作行为、工作结果等进行考核，所以员工绩效考核方法也主要是针对员工特征、员工行为及员工工作结果。根据客观和可观察、可操作等标准，本节主要讨论针对员工工作行为及工作结果的考核方法。针对行为的考核方法主要包括比较法、量表法等，而针对结果的考核方法主要包括目标管理法等。每种方法各有其利弊，应根据企业及员工个人的实际来进行方法的选择。

一、绩效考核之比较法

（一）排序法

排序法是一种相对比较的方法，主要是根据员工某个考核要素的表现从绩效最好的员工到绩效最差的员工进行排序。其又分简单排序和交替排序。以交替排序法为例，其操作方法如下：首先，列举需要进行考核的所有员工名单；其次，运用表格来确定在某个考核要素上，哪位员工的表现是最好的，将他排在第一个位置上，哪位员工的表现又是最差的，将他排在最后一个位置上；最后，在剩下的员工中再挑出最好和最差的，将他们分别排在第二个位置及倒数第二个位置上，以此类推，直到所有被考核对象都排列到表格中为止。

排序法的优点是简单实用，考核结果一目了然，有利于识别出绩效好的员工和绩效差的员工。对于某个考核要素上绩效有问题的员工，可以将其认定为需在该方面培训的重点对象。从这个角度来说，排序法能够为员工培训奠定良好的基础。排序法的缺点是：当被考核的员工较多的时候，要准确地将他们依次排列费时费力，效果也不一定好；而且，当个人的绩效水平相近时难以进行准确排序；另外，如果存在工作性质差异，或是对不同部门的人员进行考核，则该方法并不适用。

（二）配对比较法

配对比较法，也叫对偶比较法或两两对比法，是指在某个考核要素上将每一个员工与其他所有的员工进行比较，从而判断谁"更好"，根据"更好"次数的多少给员工排序。配对比较法的实施步骤如下。

步骤一，按某一绩效考核要素列出表格，其中要标明所有被考核对象的姓名以及所有需要考核的要素。

步骤二，分别用"行"中的每一个被考核者与"列"中的被考核者进行两两比较，如果在这个考核要素上，处于第n列第一行中的被考核者比处在第m行第一列中的被考核者表现得好，那么就在第n列第m行交叉处的方格里填写一个"＋"号；如果处于第n列第一行中的被考核者不如处在第m行第一列中的被考核者表现得好，那么就在第n列第m行交叉处的方格里填写一个"—"号。

步骤三，最后统计每一列中的"＋"号数量，得出被考核者的分数，按照分数可以排列出被考核者的次序。

配对比较法的优点是通过对被考核者间进行两两比较而得出次序，其考核结果更为可靠。然而，其比较明显的缺点是这种方法也会受到被考核者人数的制约，当有大量员工需要考核时，这种方法显得复杂和浪费时间。例如，当被评估的人数为 n 时，按照一一对比的原则，总共需要配对比较 n（n—1）/2 次。如果对 5 个员工进行考核，需要配对比较 10 次；10 个员工需要配对比较 45 次；而当需要考核的员工为 50 个时，则配对比较要增加到 1225 次。因此，这种方法一般适用于 10 人左右的绩效考核。

（三）强制分布法

为了避免大多数员工都得到比较高的等级而没有真正把绩效优秀的员工区分出来，可以使用强制分布的方法，即对各个等级的人数比例做出限制，如"卓越"10%，"优秀"20%，"中等"40%，"需改进"20%，"差"10%。强制分布法的比例规定只是对总体比例的控制，具体到各个部门，可以有一定的上下浮动。例如，有的部门可能只有几个人，就很难要求其严格地按照比例分布来进行考核。另外，很多公司将部门整体的业绩完成情况与部门内部员工绩效等级比例联系起来，当部门整体的业绩完成情况较好时，部门内部员工被评定为较高绩效等级的比例也相对比较高；相反，如果部门整体的业绩完成情况不好，那么部门内部的员工被评定为较高绩效等级的比例就相对比较低。

强制分布法的使用有利于管理控制，特别是在引入员工淘汰机制的公司中，它能明确筛选出淘汰对象，由于员工担心因多次落入绩效最低区间而遭解雇，因而具有强制激励和鞭策功能。当然，它的缺点也同样明显：如果一个部门的员工的确都十分优秀，如果强制进行正态分布划分等级，可能会带来多方面的弊端。

从以上介绍的三种基本的比较方法可以看出，根据某些绩效考核要素将被考核者的绩效由高至低进行比较排序，要比绝对地对他们的绩效进行考核容易得多，因而成本低、实用，考核所花费的时间和精力相对较少。而且这种绩效考核方法有效地消除了某些考核误差，如宽厚性误差和趋中性误差。当然，比较法的缺点也很明显。首先，由于绩效考核要素的设定模糊或不实在，考核的准确性和公平性会受到很多质疑。其次，比较法并未具体说明个体员工必须做什么才能得到高的评分，因而不能充分地指导或监控员工行为。再次，企业用这样的系统不能公平地对来自不同部门的员工的绩效进行比较，比较常见的例子，如 A 部门排在第六名的员工比 E 部门的第一名做得更好。另外，比较法的另一个缺点就是只能根据较少的考核要素进行比较，虽然这样做的结果看上去一目了然，给谁涨工资、发奖金，或者提拔谁、淘汰谁都十分清楚，但是员工容易为了这单一的考核指标而忽视其他重要的方面。最后，有些人力资源管理者对比较法持有疑义，他们的观点是员工所要达到的是他们个体的任务目标，而非把目标定为比部门中的其他人更好，这种考核方法的使用事实上已超出了个人绩效领域，因此应在一个更广泛的基础上进行思考。

二、绩效考核之量表法

（一）行为锚定评价法

行为锚定评价法（又译为"行为锚定等级评定表法"或"行为刻度评定量表法"），即用具体行为特征的描述来表示每种行为标准的程度差异，是关键事件法和等级量表法的结合。在这里，对每一种具体行为特征的说明被称为"尺度"或"锚"。对具体行为的描述及测量分为水平式的图示量表及垂直式的图示量表，区别在于尺度的位置是水平的还是垂直的。

1. 行为锚定评价法的操作方法

开发行为锚定评价量表的过程是相当复杂的，对此我们可以简要概括如下：行为锚定量表开始于工作分析，使用关键事件技术；然后，事件或行为依据绩效维度加以分类；再后，为每一维度开发出一个评估量表，用这些行为作为"锚"来定义量表上的评分。其具体步骤如下。

（1）确定关键事件。由一组对工作内容比较了解的人找出一些代表各个等级绩效的关键事件。

（2）初步建立绩效考核维度。主要是将确定的关键事件合并为几个绩效维度（通常是 5 ~ 10 个），然后加以归类和定义。

（3）确立绩效考核维度。与相关专家进行讨论，把每一维度的名称和定义告知这些人，要求他们将所有的关键事件按正确的维度加以分类，如果大部分专家（通常比例为80%或更多）分配给同一关键事件的维度与前述分析相同，则该关键事件被保留下来，同时绩效考核维度得以确定。

（4）确定各关键事件的考核等级。"保留"下来的关键事件由第二组专家加以评审。这些人将每个绩效考核维度中的关键事件的有效性加以评定，例如，如果使用一个7级量表，"7"标志该行为代表一个极具有效的绩效水平；"1"标志极具无效的评定。

（5）建立最终的行为锚定量表。

2. 行为锚定评价法的优点

尽管使用行为锚定评价法要比使用其他的绩效考核方法花费更多的时间，但是许多人认为，行为锚定量表法还是有着非常可取的优点的。

（1）对绩效的考核更为精确。由于是由那些对工作及要求最为熟悉的人来编制行为锚定量表，因此该方法应当比其他考核法更能够准确地对工作绩效进行考核。

（2）绩效考核标准更为明确。评价尺度上所附带的关键事件有利于考核者更清楚地理解"非常好"和"一般"等绩效等级的差别。

（3）具有良好的反馈功能。行为锚定评价法能够将企业战略和它所期望的行为有效地结合起来，向员工提供指导和信息反馈，指出行为缺点，有助于实现绩效考核的行为导向目的。

（4）绩效考核要素之间有着较强的相互独立性。将众多的关键事件归纳为5～6种绩效维度（如"知识"和"判断力"），使得各考核要素之间的相对独立性很强，彼此互不干扰，在这种考核方法下，考核者很少会因为被考核者的"知觉能力"所得到的等级高，就将此人的其他所有绩效维度等级都评定为高级。

（5）具有较高的信度。即在运用不同考核者对同一员工进行考核时，其结果基本上都是类似的。这是因为行为锚定量表法的每一个尺度标准下都要求考核者附有他考核期间所记录的关键行为与事件，作为支持考核结果的依据。这也是支持考核有效性、解决争端与法律纠纷的有效证据。

3. 行为锚定评价法的缺点

尽管行为锚定评价法有许多优点，但实际使用中的缺陷也很明显：

（1）许多在工作分析中得到的有实际意义的关键事件常被丢弃。如果我们把绩效维度与行为标准只划分为几个主要的部分，那么，包含关键事件最多的那个绩效维度实际上只用了全部工作分析过程中资料的49%。

（2）考核者有时很难区分自己观察到的诸多被考核者行为与行为锚定评价量表上的关键事件行为的相似性，很难进行相互对应。

（3）考核使用的关键事件描述定位于工作作业，而不是定位于工作结果。这给考核者提出了一个潜在的问题，即他们不是对实现期望目标的员工进行考核，而是必须对正在执行作业的员工进行考核。因此，考核者必须在绩效考核期每天都对员工的行为表现进行记录，观察到的事件在考核过程中比绩效评级标准还重要，大多数主管很难做到这点。行为锚定量表法的倡导者也意识到了这一点。

（二）行为观察量表法

行为观察量表法与行为锚定评价法有一些相似，但它在绩效考核的方面能比后者提供更加明确的标准。行为观察量表法是指在考核各个具体的绩效项目时给出一系列有关的有效行为，考核主体通过指出被考核者表现各种行为的频率来评价其绩效。

1. 行为观察量表法的操作方法

在使用行为观察量表法时，需要首先确定绩效考核项目，如工作质量、人际沟通能力、可靠性等。每个项目都细分为若干个具体的考核标准，并设计一个考核量表。考核者将员工表现出来的行为同考核标准进行比照，每个标准的具体得分构成员工在这一考核项目的得分，将员工所有考核项目的得分加总，就可以得出最终的考核得分。

开发研制行为观察量表的详细步骤如下。

（1）将内容相似或一致的关键事件归为一组，形成一个行为指标。例如，一个主管对工作做得好的员工进行表扬或奖励，我们可以用两个或两个以上的事件写出这一行为指标："对下属做得好的具体事情给予表扬和奖励。"

（2）由分析人员将相似的行为指标归为一组，形成行为观察量表中的一个考核项目。例如，上面的行为指标与相似的行为指标（如对员工的个人问题提出建议）可以归为一组形成考核项目"与下属之间的相互关系"。

（3）考核者内部要一致，以判断另外一个人或另外一组人是否会根据工作分析中得出的关键事件开发设计出相同的行为考核标准。方法是将工作分析中得到的关键事件随机排序并拿给第二个人或第二组人,这些人根据步骤(1)中所建立的综合分类系统把这些关键事件进行重新归类。通常,一个考核标准的考核者内部一致性比率大于或等于0.8时,这一考核标准才可以被接受。如果这一比率低于0.8,那么就要对这一考核标准下的行为项重新检查,以进行重新分类,或改写这一考核标准。

(4)检验行为观察量表各考核项目(如与同事的关系、安全、技术能力)的相关性或内容效度。

(5)将考核项目中的每个行为指标划分为五级李克特(Likert)标度,每个行为指标划分为五级的原因是当超过五级以后,所增加的标度带来的效用就很小了。

2. 行为观察量表法的优点

(1)有助于产生清晰明确的反馈。使用行为观察量表法进行绩效考核能够将企业发展战略和它所期望的行为结合起来,因此能够向员工提供有效的信息反馈,指导员工如何得到高的绩效评分。管理人员也可以利用考核量表中的信息有效地监控员工的行为,并使用具体的行为描述向被考核者提供绩效反馈。

(2)行为观察量表本身可以单独作为职位说明书或职位说明书的补充,因为它表明了对给定工作岗位上员工的行为要求。作为职位说明书,行为观察量表还可以通过向潜在的工作候选人指出他们未来的期望行为而作为"工作预览"。工作预览是减少员工流动率和工作不满意度的一种有效方式,它可以帮助工作候选人决定其是否想一贯地表现出行为观察量表中的行为。

(3)从考核方法区分成功与不成功员工行为的角度来看,较之行为锚定评价法,行为观察量表法更具有内容效度。考核者必须对员工做出全面考核而不只是强调在考核时他们所能回忆起来的内容,行为观察量表法向主管和员工具体说明了"必须考核的精确内容"。

3. 行为观察量表法的缺点

如果行为锚定评价法里的日志记录在实践中容易遭到反对,那么行为观察量表法也会由于在要求考核者根据详尽的行为清单对员工进行观察时所产生的困难而受到批评。但这方面的异议可以通过三点来反驳:第一,如果量表开发是为了满足指导和开发员工的目的,那么量表需要包含所有能包括进去的行为指标的代表性样本。第二，如果考核受到法律的挑战，则显示考核量表的效度是必需的。第三，主管人员单独考核既不是必需的也不是被期望的，同事也是有效考核的合适主体。

另外，五级频率尺度事实上并不是比率型尺度。但是要求考核者承担起弄清一个人到底是在95%的情况下还是94%的情况下会做某件事情是不现实的。与此相关的缺点是每一行为都以同样的标准考核。

（三）混合标准量表法

该方法由美国学者伯兰兹和吉塞利（Blanz &.Ghiselli）于1972年开发创立。这种量表法不让考核者知道所考核的标准是什么，考核者只需根据行为指标考核员工的表现，是优于（＋）、等于（＝）还是差于（－）行为指标描述的内容即可。这种量表法的主要目的是减少诸如晕轮误差和过宽/过严误差。

混合标准量表法除了具有可以减少某些诸如晕轮误差、过宽或者过严之类的考核误差的优点之外，还比较容易操作。当然，与其他方法一样，混合标准量表法也难免存在一些缺陷，如考评过程中容易受考核者的主观影响，考核结果与组织战略的一致性不强等。

三、绩效考核之工作结果评估法

（一）目标管理法

目标管理法是管理大师彼得·德鲁克（Peter F.Drunker）在1954年提出并倡导的一种科学的优秀的管理模式，被广泛应用于绩效考核，即将企业目标分解到部门与个人进行考核的方法。目标管理的核心是强调企业群体共同参与制订具体的、可行的而且能够客观衡量的目标，然后将目标一级接一级地分解到各个部门乃至个人，即从企业整体目标到经营单位目标，再到部门目标，最后到个人目标；从年度目标到季度目标，最后分解到月度目标。

目标管理是以三个假定为根据：第一，如果在计划各种绩效指标和确定绩效标准的过程中，让员工也参与其中，可以增强员工对企业的认同感和工作积极性；第二，如果所确定的各种目标十分清楚和准确，员工就会更努力地工作去实现理想的结果；第三，工作表现的各种目标应该是可以衡量的并且应该直接针对各种结果。在许多上级对下级的考核中，经常出现"具有主动性"和"具有合作精神"这些过于模糊的一般性概括评价，对此应该尽量避免。应切记，各种目标是由将要采取的各种具体行动和需要完成的各种工作所构成。

作为工作成果评价法，目标管理法实施的关键是目标制订，SMART原则可以为目标制订提供很好的指导原则：第一，S（specific），即目标的表述必须是具体的；第二，M（measurable），即目标是可以用数量、质量和影响等标准来衡量的；第三，A（achievable），即目标必须在合理的时间和资源范围内可以实现。第四，R（relevant），即设定的目标应该是与员工具体的工作内容、工作单位的需要和员工个体的发展密切相关的；第五，T（time-bound），即目标中应包含一个合理的时间约束。

1. 目标管理法的操作方法

根据PDCA循环模式，具体到绩效考核中，目标管理法的应用步骤如下。

（1）制订公司的年度目标与实施方案。企业目标体系的核心是企业整体目标。整体目标的设定不但要顾及现在，更要考虑公司的长远发展。企业整体目标的种类有利润目标、销售目标、产量目标、成本目标、研发目标、投资目标、管理改进目标等。明确公司的总目标之后，要为每个目标制订实施方案。

（2）企业整体目标的分解——部门目标的设定与实施方案。公司内部有直线部门和职能部门，一般情况下直线部门（如生产部门、营销部门）目标先订立，职能部门（如行政人事、采购、财务、研发等）要作为后勤支援角色根据直线部门目标制订职能部门目标，辅助直线部门的目标顺利实现。

（3）制订个人目标与实施方案。要根据公司与部门目标来制订个人目标。根据个人目标以及公司与部门的实施方案制订个人目标的实施方案。当然，在一个目标管理周期结束之后，人力资源部门要编写全年目标及执行情况的总结，系统总结本次目标管理周期的经验与教训，并将之应用于下一个周期，以不断提高目标管理的质量。

2. 目标管理法的优点

目标管理法的最大优点在于它能使人们用自我控制的管理来代替受他人支配的管理，激励人们发挥最大的能力把事情做好。其主要表现在以下几个方面。

第一，权力与责任明确。目标管理通过由上而下或自下而上层层制订目标，在企业内部建立起纵横连接的完整的目标体系，把企业中各部门、各类人员都严密地组织在目标体系之中，明确职责、划清关系，使每个员工的工作直接或间接地同企业整体目标联系起来，可以更有效地把全体员工的力量和才能集中起来，提高企业工作成效。

第二，强调员工参与。目标管理非常重视上下级之间的协商、共同讨论和意见交流。通过协商，加深对目标的了解，消除上下级之间的意见分歧，取得上下目标的统一，改变了由上而下摊派工作任务的传统做法，调动了员工的主动性、积极性和创造性。

第三，注重结果。目标管理所追求的目标，就是企业和每个员工在一定时期应该达到的工作成果。目标管理不以行动表现为满足，而以实际成果为目的。工作成果对目标管理来说，既是评定目标完成程度的根据，又是奖评和评估的主要依据。

第四，目标管理法吸纳了任务管理法和人本管理法的优点。任务管理法规定了工作任务和完成任务的方法，而且任务和方法都有标准化的要求，员工按标准化的要求进行培训和操作，工作积极性和创造性受到严重的限制；人本管理法过于强调领导对员工的信任，放手让员工自主去工作，这又难以保证任务的完成。目标管理法将两者综合起来，即企业规定总目标，各部门依据总目标规定部门目标，把部门目标分解落实到个人，至于如何达到目标则放手让员工自己做主。

3.目标管理法的缺点

当然，目标管理法也有一些缺点，并存在若干潜在的问题，这里我们讨论其中三个主要的方面。

（1）尽管目标管理使员工的注意力集中在目标上，但是它没有具体指出达到目标所要求的行为。这对于一些员工尤其是需要更多指导的新员工而言是一个挑战，这些员工更需要实现这些目标的"行为步骤"。

（2）目标管理也倾向短期目标，即能在每年年底加以测量的目标。其结果是，员工可能会试图为达到短期目标而牺牲长期目标。例如，一个开发部的经理，由于要完成今年新产品开发的目标，可能会完全起用老员工而忽视新员工，这种行为会损害产品研发的未来前景。或者，为了完成目标，仓促推出一个不成熟的新产品。

（3）目标管理经常不能被使用者接纳。经理不喜欢目标管理所要求的大量书面工作。另外，他们会担心员工参加目标设定而夺取了他们的职权，有这种想法的经理就不会正确地遵循目标管理的程序。而且，员工也不喜欢目标带来的绩效压力和由此产生的紧张感。

（二）平衡计分卡法

1.平衡计分卡的内容

平衡计分卡又是一项战略管理工具，它通过财务、顾客、内部流程、学习成长四个维度来考核企业绩效，克服了传统绩效考核的单一财务指标的局限性，力图达到帮助企业贯彻落实企业愿景与战略的目的。

（1）以财务为核心：以财务为核心就是在绩效考核过程中，要从股东与出资人的立场出发，树立"企业只有满足投资人和股东的期望，才能取得立足与发展所需要的资本"的观念。从财务的角度看，与公司"成长""维持""收缩"三大战略方向相配合的财务性主题分别为"收入成长与组合""成本降低—生产力改进""资产利用—投资战略"。企业应根据所确定的不同战略方向、战略主题而采用不同的绩效考核指标。如当公司立足于"成长"战略而追求"收入成长与组合"的主题时，其重视的指标就应当为"新产品（服务）与新客户的收益百分比"；当重视生产力的提高时，其选用的指标为"每位员工创造的收益"。

（2）以顾客为核心：以顾客为核心的考核维度可包括市场占有率、顾客保留率、新顾客开发率、顾客满意度与顾客获利能力（这是企业最后所追求的），并且每一方面都有其特定的考核指标。顾客因素在平衡计分卡中占有重要地位，因为如果无法满足或达到客户的需求，企业的愿景与战略是很难实现的。

（3）以流程为核心：以流程为核心指的是企业的内部运营，涉及的信息是企业业务运转得如何、企业产品（服务）是否与市场需求一致等。通常说来，企业内部运作指标包括革新过程、营运过程和售后服务过程。革新过程是指开发新产品或服务的过程，用以考核发现和满足顾客需求的能力，如指标"新产品（服务）推出能力"。营运过程指从产品设计到送交顾客为止的流程，如指标"研发设计能力"。售后服务过程指售后的未尽义务和资金的及时回收，如典型指标"员工生产率"。企业因资源有限，因此必须有效地运用内部资源，重视价值链的每个环节，才能创造全面和长期的竞争优势。

（4）以学习成长为核心：以学习成长为核心的考核维度衡量的是企业对待自身发展与员工成长的态度。将企业的员工、技术和企业文化作为决定因素，分别衡量员工保持率、员工生产力、员工满意度等指标，以考核员工的才能、技术结构和企业文化等方面的现状与变化。如果企业改善了这些方面，员工的潜能就能得以充分发挥，企业的技术水平就会进一步得到提高，企业的文化氛围就会向更好的方向发展。常用的考核指标有员工培训次数、员工流动率、员工满意度、员工生产率等。

总之，平衡计分卡的四大考核维度反映了财务与非财务指标之间的平衡、外部和内部指标的平衡、结果和驱动指标的平衡、长期目标与短期目标之间的平衡、管理业绩和经营业绩的平衡等多个方面，比较能够反映企业综合经营状况，使绩效考核趋于完整和平衡，有利于企业长期发展。

2. 平衡计分卡的适用情形

从实践经验看，平衡计分卡主要适用于具有以下特征的企业。

（1）面临竞争压力较大的企业，且这一压力为企业所感知。经济全球化的一个直接影响就是使所有企业面临着不断加剧的竞争，竞争的压力是企业谋求发展的内在动力，这正好是平衡计分卡得以实施的内在原因。但是，采取行动必须以竞争被企业感知为前提条件。如果竞争压力较大，但企业尚未感知，这种竞争也是不会形成发展动力的。对于这样的企业，如果为了赶时髦而引入平衡计分卡，则如同给牛车安上飞机用的轮胎，不会起到应有的积极作用。

（2）以目标、战略为导向的企业。当为企业的长远发展树立了目标之后，战略的作用就是为解决"如何才能达到这个目标"的问题提供思路。平衡计分卡的成功之处就是将企业战略置于管理的中心，所以企业要应用平衡计分卡须以战略为导向。

（3）适用于具有协商式或民主式领导体制的企业。在激烈的竞争中，采用平衡计分卡要求企业必须采取"四轮驱动"（前轮是员工的积极参与，后轮是管理者的管理）模式，唯有这样，才能使企业机动灵活、反应快速地运行于市场经济之中，而不会陷入经营管理失败的泥潭之中。平衡计分卡必须在民主式管理风格的企业平台上运行，使员工能够充分参与企业战略的制订与实施。如果一个企业尚不是民主式管理风格，则在实施平衡计分卡的过程中，随着员工参与度的提高，可以将其转变为民主式的管理风格。从这一意义上来说，平衡计分卡不仅是绩效考核的工具，还具有改变企业文化的功能。

第五章　员工薪酬设计与福利管理

第一节　薪酬管理概述

薪酬管理是企业为实现其目标，由人力资源部负责、其他职能部门参与的、涉及薪酬系统的一切管理工作，它是保证企业生产经营正常运行的必要条件。

一、薪酬的基本认识

（一）薪酬的含义理解

所谓薪酬，就是指员工因为雇佣关系的存在而从雇主那里获得的所有各种形式的经济收入以及有形服务和福利。

最容易与薪酬发生混淆的一个概念就是报酬。报酬是指员工从企业那里得到的作为个人贡献回报的、他认为有价值的各种东西，一般可以分为内在报酬和外在报酬两大类。内在报酬通常是指员工由工作本身所获得的心理满足和心理收益，如决策的参与、工作的自主权、个人的发展、活动的多元化以及挑战性的工作等。外在报酬则通常指员工所得到的各种货币收入和实物，它包括两种类型：一种是财务报酬（也称经济性报酬）；另一种是非财务报酬（也称非经济性报酬），如宽大的办公室、特定的停车位等。财务报酬又可以分为两类：一是直接报酬，如工资、绩效奖金、股票期权和利润分享等；二是间接报酬，如保险、带薪休假和住房补贴等各种福利。

（二）薪酬的组成结构

在企业中，员工的薪酬一般是由三个部分组成：一是基本薪酬；二是激励薪酬；三是间接薪酬。

1. 基本薪酬

基本薪酬是指企业根据员工所承担的工作或者所具备的技能而支付给他们的较为稳定的经济收入。大多数情况下，企业是根据员工所承担工作本身的重要性、难度或者是对企业的价值来确定员工的基本薪酬的，即采取职位薪资制。

2. 激励薪酬

激励薪酬是薪酬系统中直接与绩效挂钩的部分，有时也被称为浮动薪酬或可变薪酬。设置激励薪酬的目的是在绩效和薪酬之间建立起一种直接的联系，而这种绩效既可以是员工个人的绩效，也可以是企业中某一业务单位、员工群体、团队甚至整个公司的绩效。由于在绩效和薪酬之间建立起了这种直接的联系，因此，对员工具有很强的激励性，对企业绩效目标的达成起着非常积极的作用。

3. 间接薪酬

间接薪酬就是给员工提供的各种福利，与基本薪酬和激励薪酬不同，间接薪酬的支付与员工个人的工作和绩效并没有直接的关系，往往具有普遍性。间接薪酬一般包括带薪非工作时间（例如年休假）、员工个人及其家庭服务（儿童看护、家庭理财咨询、工作期间的餐饮服务等）、健康以及医疗保健、人寿保险以及养老金等等。一般情况下，间接薪酬的费用是由雇主全部支付的，但是有时也要求员工承担其中的一部分。

二、薪酬管理的含义及意义

（一）薪酬管理的含义理解

薪酬管理是指企业在经营战略和发展规划的指导下，综合考虑内外部各种因素的影响，确定自身的薪酬水平、薪酬结构和薪酬形式，并进行薪酬调整和薪酬控制的整个过程。薪酬水平是指企业内部各类职位以及企业整体平均薪酬的高低状况，它反映了企业支付薪酬的外部竞争性。薪酬结构是指企业内部各个职位之间薪酬的相互关系，它反映了企业支付薪酬的内部一致性。薪酬形式则是指在员工和企业总体的薪酬中，不同类型的薪酬的组合方式。薪酬调整是指企业根据内外部各种因素的变化，对薪酬水平、薪酬结构和薪酬形式进行相应的变动。薪酬控制是指企业对支付的薪酬总额进行预算和监控，以维持正常的薪酬成本开支，避免给企业带来过重的财务负担。

全面理解薪酬管理的含义，需要注意以下几个问题。

第一，薪酬管理要在企业经营战略的指导下进行，作为人力资源管理的一项重要职能，薪酬管理必须服从和服务于企业的经营战略，要为企业战略的实现提供有力的支持。

第二，薪酬管理的内容不单是及时准确地给员工发放薪酬，还涉及确定薪酬水平、结构和形式等一系列的决策，是一项非常复杂的活动。

第三，薪酬管理的目的不仅是让员工获得一定的经济收入，而且还要引导员工的工作行为、激发员工的工作潜力，不断提高他们的工作绩效。

（二）薪酬管理的意义表现

作为人力资源管理的一项主要职能活动，薪酬管理具有非常重要的意义，这主要表现在以下几个方面。

第一，有助于吸引和保留优秀的员工。这是薪酬管理最基本的作用，企业支付的薪酬，是员工最主要的经济来源，是他们生存的重要保证。一项调查的结果显示，在企业各类人员所关注的问题中，薪酬问题排在了最重要或次重要的位置。薪酬管理的有效实施，能够给员工提供可靠的经济保障，从而有助于吸引和保留优秀的员工。

第二，有助于实现对员工的激励。人们的行为都是在需要的基础上产生的，对员工进行激励的支点是要满足他们没有实现的需要。马斯洛的需求层次理论指出，人们存在着五个层次的需求，有效的薪酬管理能够不同程度地满足这些需求，从而实现对员工的激励。员工获得的薪酬，是他们满足生存需求的直接来源；没有一定的经济收入，员工就不可能有安全感，也不可能有与他人进行交往的物质基础；此外，薪酬水平的高低也是员工绩效水平的反映，较高的薪酬表明员工具有较好的绩效，这可以在一定程度上满足他们尊重和实现自我的需求。

第三，有助于提高企业的绩效。薪酬管理的有效实施，能够对员工产生较强的激励作用，从而提高他们的工作绩效，而每个员工个人绩效的改善将使企业整体的绩效得到提升。

第四，有助于塑造良好的企业文化。有效的薪酬管理有助于企业文化的塑造。薪酬是进行企业文化建设的物质基础，员工的生活如果不能得到保障，企业文化的建设就是一纸空文。另外，企业的薪酬政策本身就是企业文化的一部分，如奖励的导向、公平的观念等等。企业的薪酬政策还能够对员工的行为和态度产生引导作用，从而有助于企业文化的建设。

三、薪酬管理的影响因素

为了保证薪酬管理的有效实施，必须对其影响因素有所认识和了解。一般来说，影响企业薪酬管理的因素主要有三类：一是外部因素；二是内部因素；三是个体因素。

（一）外部因素

1. 法律法规（政策因素）

法律法规对于企业的行为具有强制的约束性，一般来说，它规定了企业薪酬管理的最低标准，因此，企业实施薪酬管理时应当首先考虑这一因素，要在法律规定的范围内进行活动。例如，政府的最低工资立法规定了企业支付薪酬的下限；社会保险法律规定了企业必须为员工缴纳一定数额的社会保险费。

2. 劳动力市场的状况

劳动力价格（工资）受供求关系影响，劳动力的供求关系失衡时，劳动力价格就会偏离其本身的价值：一般供大于求时，劳动力价格（工资）会下降，供小于求时，劳动力价格（工资）会上升。

3. 物价水平

薪酬是员工的生活保障，因此，对员工来说更有意义的是实际薪酬水平，即货币收入（或者叫作名义薪酬）与物价水平的比率。当整个社会的物价水平上涨时，为了保证员工的生活水平不变，支付给他们的名义薪酬相应也要增加。

4. 其他企业的薪酬状况

其他企业的薪酬状况对企业薪酬管理的影响是最为直接的，这是员工进行横向的公平性比较时非常重要的一个参照系。当其他企业，尤其是竞争对手的薪酬水平提高时，为了保证外部的公平性，企业也要相应地提高自己的薪酬水平，否则就会导致员工的不满意甚至流失。

（二）内部因素

第一，企业的经营战略。在前面我们已经提到，薪酬管理应当服从和服务于企业的经营战略，在不同的经营战略下，企业的薪酬管理也会不同。

第二，企业的发展阶段。由于企业处于不同的发展阶段时其经营的重点和面临的内外部环境是不同的，因此在不同的发展阶段，薪酬形式也是不同的。

第三，企业的财务状况。薪酬是企业的一项重要成本开支，因此，企业的财务状况会对薪酬管理产生重要的影响，它是薪酬管理各项决策得以实现的物质基础。良好的财务状况，可以保证薪酬水平的竞争力和薪酬支付的及时性。

（三）个体因素

第一，员工所处的职位。它是决定员工个人基本薪酬以及企业薪酬结构的重要基础，也是内部公平性的主要体现。职位对员工薪酬的影响并不完全来自它的级别，而主要是以职位所承担的工作职责为基础来进行的。

第二，工作表现。员工的薪酬是由个人的工作表现决定的。在同等条件下，高薪来自个人工作的高绩效。

第三，工作技能。当今社会科技进步，资讯发达，企业竞争已从传统的产品战演变成为行销战、策略战等全面性的竞争，企业之争便是人才之争，掌握关键技能的人才，已成为企业竞争的利器。这类人才成为企业高薪聘请的对象。

第四，工作年限。工龄长的员工薪酬通常高一些，主要是为了补偿员工过去的投资并减少人员流动。连续计算员工工龄工资的企业，通常能通过年资起到稳定员工队伍、降低流动成本的作用。

第二节　薪酬设计的程序及方法

如何设定组织的薪酬，如何给不同岗位、不同的工作个体确定薪酬标准，这些是薪酬设计所要解决的问题。

一、薪酬设计的一般程序

构建科学合理的薪酬体系是企业人力资源管理的一项重要工作，薪酬设计的要点在于"对内具有公平性，对外具有竞争性"。薪酬设计需要考虑的因素较多，一般来说，企业要建立的是一种既能让大多数员工满意，又能确保企业利益的互利双赢薪酬设计模式，其一般流程可大致分为以下几个步骤。

（一）制订薪酬战略

企业人力资源战略服务于企业战略，所以薪酬战略也要考虑企业的战略和目标。制订薪酬战略要考虑以下问题：薪酬管理如何支持企业的战略实施，薪酬的设计如何达成组织内部的公平性和外部的竞争性，如何制订薪酬才能真正地激励员工，如何提高薪酬成本的有效性，等等。

（二）薪酬调查分析

企业要吸引和保留住员工，不但要保证企业薪酬的内部公平性，而且要保证企业薪酬的外部竞争力，因此要进行薪酬调查。薪酬调查，就是通过一系列标准、规范和专业的方法，对市场上的各职位进行分类、汇总和统计分析，形成能够客观反映市场薪酬现状的调查报告，为企业提供薪酬设计方面的决策依据及参考。因为薪酬调查是将企业内部的薪酬状况和其他企业薪酬状况进行比较，所以组织首先要进行全面的企业内部薪酬满意度调查，以了解企业内部的薪酬现状及发展需求，做到发现问题、弄清原因、明确需要，确保薪酬体系设计的客观性与科学性。同时，还要对同类、同行企业的外部薪酬水平状况做深入细致的调查。

对企业外部薪酬调查分析的主要内容一般包括以下三个方面：①目标企业的薪酬政策。是控制成本还是激励或吸引员工；薪酬构成是高弹性、稳定性模式还是折中式模式；薪酬的其他政策，包括加班费计算、试用期薪酬标准等。②薪酬的结构信息。主要包括企业职位或岗位的组织结构体系设计、薪酬等级差、最高等级与最低等级差、薪酬的要素组合、基本薪酬与福利的比例、激励薪酬的设计等。③薪酬的纵向与横向水平信息。包括基本薪酬信息、激励薪酬信息及福利薪酬信息等。

由于这些调查对象一般都是竞争对手，且薪酬制度往往被其视为商业机密，它们一般不愿意提供实质性的调查资料。所以，薪酬市场调查分析一般会比较困难，需要企业从多方面、多渠道进行，直接或间接地收集调查资料。一般来说，薪酬的调查方法分四种：企业薪酬调查、商业性薪酬调查、专业性薪酬调查和政府薪酬调查。企业薪酬调查是企业之间互相调查，商业性薪酬调查一般由咨询公司完成，专业性薪酬调查是由专业协会针对薪酬状况所进行的调查，政府薪酬调查是指由国家相关部门进行的薪酬调查。

（三）工作分析与评价

工作分析与评价的目的在于确定一种职位的相对价值，它是对各种职位进行正式的、系统的相互比较的过程。通过工作分析与评价，能够明确职位的工作性质、所承担责任的大小、劳动强度的轻重、工作环境的优劣，以及劳动者应具备的工作经验、知识技能、身体条件等方面的具体要求。同时，根据这些信息采取科学的方法，对企业所有职位的相对价值做出客观的评价，并确定一种职位相对于其他职位的价值，从而最终依此来确定工资或薪资的等级结构。工作评价的基本原则是那些要求具备更高的任职资格条件、需要承担更多的责任以及需要履行更为复杂的职责的职位，应当比那些在这些方面的要求更低一些的职位价值更高一些。

对于企业的员工来说他们所感受到的公平合理，一方面来自外部市场上同类职位薪酬水平相比的结果；另一方面则来自内部同类、同级别职位人员的薪酬水平的比较。因此我们不仅要关注职位的绝对价值，还要关注职位的相对价值，而职位的相对价值则要通过工作评价来确定。工作评价是工作分析的必然结果，同时又以职位说明书为依据。即工作评价就是要评定职位的相对价值，确定职位的等级，以确定基本薪酬的计算标准。

（四）薪酬结构设计

通过工作分析与评价，可以表明每一个职位在企业中相对价值的顺序、等级。工作的完成难度越大，对企业的贡献越大，其重要性就越大，这也就意味着它的相对价值越大。通过薪酬调查以及对组织内外部环境的分析，可以确定组织内各职位的薪酬水平，规划各个职位、岗位的薪酬幅度、起薪点和顶薪点等关键指标。要使工作的相对价值转换为实际薪酬，需要进行薪酬结构设计。

薪酬结构是指工作的相对价值与其对应的工资之间保持的一种关系。这种关系不是随意的，是以服从某种原则为依据的，具有一定的规律，通常用"薪酬政策线"来表示。从理论上讲，薪酬政策线可呈任意一种曲线形式，但实际上它们多呈直线或由若干直线段构成的一种折线形式。这是因为薪酬设计必须遵循的基本原则是公平性，组织内各职位的报酬与员工的付出应基本相等，各职位的相对价值就是对员工付出的反映，因此，绘制薪酬政策线各点的斜率应该基本相等，薪酬政策线呈直线。

（五）薪酬分级与定薪

绘制好组织薪酬政策曲线以后，通过薪酬政策曲线就可以确定每个职位的基本薪酬水平。但是当企业的职位数量比较多时，如果针对每个职位设定一个薪酬标准，会大大提高企业的管理成本。因此，在实际操作中，还需要在薪酬的每一个标准内增设薪酬等级，即在众多类型工作职位的薪酬标准内再划分出若干等级，形成一个薪酬等级标准系列。通过职位工作评价点数的大小与薪酬标准对应，可以确定每一个职位工作的具体薪酬范围或标准，以确保职位薪酬水平的相对公平性。

不同薪酬等级之间的薪酬差异称为薪酬级差。薪酬级差可根据员工的职位、业绩、态度、能力等因素划分，要尽可能地体现公平。级差的大小应与薪酬等级相符，等级差异大，级差相应也大，等级差异小，则级差也小，如果两者关系不相符，容易引起不同等级员工的不满。等级差异过大，薪酬等级较低的员工会认为有失公平，自己所得过少；等级差异过小，薪酬等级较高的员工会认为自己的贡献价值没有得到认可，因而会挫伤其工作积极性。

二、薪酬设计的主要方法——工作评价

在以工作为依据设计薪酬结构时，我们首先需要进行工作评价。

（一）工作评价概述

1. 工作评价的含义

所谓的工作评价，是指根据各种工作中所包括的技能要求、努力程度要求、岗位职责和工作环境等因素来决定各种工作之间的相对价值。它关心工作的分类，但不去注意谁去做这些工作。

工作评价的核心是给工作标定级别。级别之间存在的差异虽反映了相互间的对比关系，但它并不表明实际的工资率。对于任何确定的级别，例如同样是5级，其工资在一些部门可能比另一些部门高。

工作评价不能消除供求关系对工资水平的影响，但它可以根据每种职业、每个工种的内在要求，把它们分类、定级。工作评价并不对每个级别的合理工资制订标准，但它会指出什么级别应当获得较高工资。它力图为建立工资结构提供公正的方法。公正体现在：如果一项工作需要相同的努力、技术和责任心，劳动报酬就应相同；而如果需要的标准提高，工资也应当提高。工作评价的目标是要实现同工同酬。

2. 工作评价的优缺点

（1）工作评价的优点。

其一，工作评价的突出优点是，以各个岗位在整体工作中的相对重要性来确定工资等级，并且能够保证同工同酬原则的实现。因此，它有利于消除工资结构中的不公正因素，维护企业工资等级间的逻辑和公正关系。同时，这样建立起来的简单的工资结构，也易于被工人们理解和接受。

其二，工作评价中把明确、系统而又简单的评价因素作为确定工资结构的基础，有助于减少在相对工资等级上的怨言。当工人对其现行工资有抱怨时，如使用的是数量评价体系，还可以提供一个核查和详细解释的依据，弄清其不公正所在之处，并通过重新评价纠正过来。

其三，工作评价中所收集的信息和结果可以为范围较宽的人事管理提供依据，如确定招工条件、培训技术标准等。

其四，工作评价为工会参与工资确定过程的各个方面提供了机会，并且为集体协商或谈判的内容之一——工资结构的确定奠定了一个更准确、更值得信赖的基础。因此，工作评价的实施还有利于改善劳动关系。

（2）工作评价的缺点。

其一，其适用范围会受到某些因素不同程度的制约。首先，工作评价在确定评价因素、各因素权重以及评定各工作因素的级别上，都不可避免地带有某种程度的主观因素，这样，就使评价缺乏完全客观和公正的结果。其次，工作评价是一项需要很多时间和资源的技术，本身就需要专业技术人员，需要很多投资；而且引进工作评价所形成的新的工资结构可能会增加劳动成本。另外，一旦工作评价计划实行，还必须常设维护机构。这样，引进工作评价所花费的成本可能会超出它所带来的好处。为了克服上述缺点，首先要力求较全面地确定影响岗位等级的因素。在确定因素权重时，要吸收工会和工人代表参与决策，并考虑同行其他公司在确定权重上的流行趋势。凡能量化的因素都要量化，以减少先入为主的偏见。根据本单位规模和生产经营特点来选择工作评价方法，并精心计划和实施，以节约费用。

其二，工作评价生成的工资结构不够灵活，难以充分适应生产和技术的变化。工作评价的一个基本假定是，每个岗位工作的内容是大致固定不变的。而不少现代企业的趋势是使工作组织机构更加灵活，以充分适应生产和技术的变化。因此，再按照事先固定的任务来限定工作内容就有些牵强。

（二）工作评价的方法

1. 排列法

排列法，也称为简单排列法、序列法、部门重要次序法，是由工作评价人员对各个岗位工作的重要性做出判断，并根据岗位工作相对价值的大小按升值或降值顺序排列，来确定岗位等级的一种工作评价方法。

（1）排列法的操作步骤。

第一步，进行工作分析，这些内容在第二章中已阐述过。

第二步，由工作评价委员会的全体委员分别根据工作说明书，或者自己对该项工作的印象，对工作按照难易或价值大小的次序进行排列。

排列工作顺序的方法有两种。一种是卡片排列法，即将工作说明书用简明文字写在小卡片上，按次序排列起来。难度或价值最大的工作应排在一等，难度价值第二的排在二等。如果两个或更多个工作难度价值并列同等，则排列在同一等级。具体做法是：先确定最高和最低的工作，再确定中等的，最后确定最高和中等以及最低和中等之间的等级。

另一种是成对比较排列法。例如，某部门有六个岗位的工作，分别称为甲、乙、丙、丁、戊、己。先将六项工作分别按横竖排列于表内，然后运用"012"比较评价法对六项工作分别进行判断比较。具体办法是把每一岗位的工作与其他五个岗位的工作逐一比较，并做出不难、难度相同、难的判断。当判断为不难时，就做"0"记号；判断为难度相同时，就做"1"记号；判断为难时，就做"2"记号。最后，在表中"总额"一栏中加总出判断每项工作难度次数。经"012"成对比较后，根据判断各工作难度次数总额的多少决定各岗位工作等级排列的先后。

应注意，在使用上述两个排列法时，每个评价者要在一星期左右反复进行两三次，以避免一时的疏忽。

第三步，根据全体评价委员个人评定的结果，确定自然岗位序列。评定的六个岗位工作的相对价值，按升值次序排列为甲、丁、戊、丙、己、乙。

应注意的是：按前面两种方法得到的只是一个按重要性排列的岗位序列，显然，在一个较大的企业里，是不能直接把上百个或数百个岗位序列作为工资等级序列的。因此，还有必要把岗位序列分成一定数目的岗位等级，即划岗归级，并将其作为实际的工资等级数目。

划岗归级，应掌握两个原则：一是岗位等级不宜过多，上一级岗位与下一级岗位之间应能比较出难易差别；二是难易程度大致相同的岗位，应划归同一岗位等级。

（2）排列法的优缺点。

排列法的主要优点是：①在理论与计算上简单，容易操作，省事省时，因而可以很快地建立起一个新的工资结构；②每一个岗位是作为一个整体比较的，是凭人们的直觉来判断的，因而可以吸收更多的工人参加，并且容易在岗位数量不太多的单位中获得相当满意的评价结果；③排列法虽不是很精确，但较易使用，特别适合于小企业和机关办公室的评价。一般来讲，如果评价委员通过日常的接触熟悉了他们所要考察岗位的工作内容，那么这种方法就可提供符合实际的岗位等级。

排列法的主要缺点是：①岗位等级完全靠评价委员或主管人员的主观判断，而不同评定者往往有不同的标准，且难以清楚地回答"为什么这个岗位比那个岗位重要"等诸如此类的问题。因此，岗位等级和工资等级标准不可避免地要受到评价委员个人品质的影响；②不易找到熟悉所有工作的评价人员，各评定者的评定结果有时差异很大，容易导致错误；③在大企业中很耗时，因为成对数将随所要评价的岗位数的增加而翻番增长，就100个岗位来说，可能的成对数接近5000个。n个元素能构成n（n-1）/2对，所以100个岗位，其构成的对数是100（100-1）/2个。

2.分类法

分类法，也称分级法或等级描述法，是事先建立一连串的劳动等级，给出等级定义；然后，根据劳动等级类别比较工作类别，把工作确定到各等级中去，直到安排在最后逻辑之处。

（1）分类法的操作步骤。

第一步，建立工作类别或级别。无论是对同一种性质的工作还是对包括各种性质工作在内的组织整体，都要确定等级数目。等级的数目取决于工作的性质、组织规模大小、职能的不同和工资政策。在这一环节中，没有对所有单位都普遍适用的规则。

第二步，等级定义，即给建立起来的工作等级做出工作分类说明。

等级定义是在选定要素的基础上进行的。所以，首先是确定基本要素，以便通过这些要素进行等级定义或分类说明。这些要素主要是：技术要求、智力要求、脑力和体力消耗程度、需要的培训和经验、工作环境。

接下来的工作是在选定要素的指导下进行等级定义。等级定义要为工作等级的评定分类提供标准，因此，要清楚地描述出不同等级工作的特征以及重要程度。一般等级定义的做法是从确定最低和最高等级的岗位开始，因为这相对容易些。在分类定级中，对低级别的工作要求大致是：能够在领导者指导下处理简单的日常工作，很少或不要求工作人员具备独立判断、处理问题的能力。对较高级别的工作要求依不同程度而定，包括文化素质、管理能力、人际关系、责任，以及独立分析和解决问题的能力。

等级定义是分类法中最重要、最困难的工作，要求极高，它必须使两个等级之间的技术水平和责任大小显而易见。相对于其他工作来说，等级定义花费的精力最多、时间最长。

第三步，评价和分类，即由评价人阅读工作分类说明，并依据评价人对工作的相对难度，包括对职责以及必备的知识和经验的理解，来决定每项工作应列入哪一等级。

如果上一步工作中等级定义精细明确，那么这一步工作就相当容易了。但如果定义含糊抽象，评价委员理解不一，就会影响评价分类的准确性。所以重要的是要把上一步的等级定义做好。

在评价分类中，有一个比较容易的办法，是根据等级定义表明的特征，在每个等级中先选择一个代表性岗位，这样，评价委员便有了评价其余工作岗位的参照系。随着评价的进行，对单个岗位的划等就变得容易起来了，因为前面划分了等级的岗位会使后面未划等的岗位都归入相应等级，这样就可以确定每个等级的工资标准了。

（2）分类法的优缺点。

分类法的优点是：简便易行，且容易理解；同时，不会花费很多的时间，也不需要技术上的帮助。当一个单位较小，工作不太复杂或种类不多，以及受到时间和财务的限制不能采用其他方法时，就应利用分类法。分类法比起排列法，更准确、客观，因为等级定义都是以选定的要素为依据的；还由于等级的数目及其相互间的关系在各个岗位划定之前就确定了，所以等级结构能真实地反映有关组织的结构。从实践上看，长期以来，分类法在工业部门中也曾被应用过，但最广泛地还是被用于薪水制的工作中，尤其是政府部门和服务行业中。

分类法的缺点一般表现为不能很清楚地定义等级。由于定义等级的困难，分类法经常给主观判断岗位等级留下相当大的余地，这将引起许多争论。由于定义等级的困难，往往在一些分类方案中，先对工作进行分级，之后，再概括出等级定义。这也不失为一种切实可行的办法。

3. 因素比较法

因素比较法是一种比较计量性的工作评价方法，与工作排序法相似，因此可以将它看作是改进的工作排序法。因素比较法与工作排序法的第一个重要区别是工作排序法只从一个综合的角度比较各种工作，而因素比较法是选择多种报酬因素，然后按照每种因素分别排列一次。因素比较法与工作排序法的第二个区别是因素比较法是根据每种报酬因素得到的评估结果设置一个具体的报酬金额，然后计算出每种工作在各种报酬因素上的报酬总额并把它作为这种工作的薪酬水平。

（1）因素比较法的步骤。

因素比较法的基本实施步骤是：第一，在每一类工作中选择标尺性工作作为比较的基础。所选择的标尺性工作应该是那些在很多组织中都普遍存在、工作的内容又相对稳定且其市场流行工资率公开的工作。标尺性工作的基本工资是固定的，其他报酬根据基本工资的水平进行调整。第二，把一个工作类别中包括的各种工作的共同因素确定为补偿因素，这些补偿因素包括责任、工作环境、精力消耗、体力消耗、教育水平、技能和工作经验等因素。第三，根据标尺性工作所包括的各种补偿因素的规模确定各种标尺性工作在各种补偿因素上应该得到的基本工资，其水平应该参照市场标准，以保证企业报酬体系外部公平性的实现。各种标尺性工作在各种补偿因素上应该得到的报酬金额的总和就是这种标尺性工作的基本工资。第四，将非标尺性工作同标尺性工作的补偿因素逐个进行比较，确定各种非标尺性工作在各种补偿因素上应该得到的报酬金额。这一步骤确保了各种工作之间的内部公平性。第五，将非标尺性工作在各种补偿因素上应该得到的报酬金额加总就是这些非标尺性工作的基本工资。

需要指出的是，因素比较法在应用上非常繁复，而且还需要不断根据劳动力市场的变化进行更新，因此这种工作评价方法是应用最不普遍的一种。

（2）因素比较法的优缺点。

因素比较法的优点是：把各种不同工作中的相同因素相比较，然后再将各种因素工资累计，使各种不同工作获得较为公平的工作评价。此法是用工作说明书建立工作比较尺度，这意味着任何人只要具备工作评价知识，就能够遵循此法来制订合用的尺度。此法常用五个因素，在这些因素中很少有重复的可能，而且可以简化评价工作。

因素比较法的缺点是：因素定义比较含混，适用范围广泛，但不够精确；因有工资尺度的存在，势必受现行工资的影响，很难避免不公平现象；此法建立比较困难，因为在排列代表性工作顺序时，两端工作虽容易决定，但中间部分却难安排；一个或更多的代表性工作的职务可能变更或责任加重，这样会使这些代表性工作失去代表性的作用；此法中工作比较尺度的建立，步骤复杂，难以向员工说明。

4. 计点评分法

计点评分法又叫点数法。点数法是把工作的构成因素进行分解，然后按照事先设计出来的结构化量表对每种工作要素进行估值。点数法是目前国外的公司应用最普遍的一种工作评价方法，在开展工作评价的组织中有一半以上采用的都是点数法，近几年国内各类企事业单位也大多采用的是点数法。

应用点数法进行工作评价的步骤一般是：第一步，进行岗位分析。第二步，选择报酬因素。所谓的报酬因素，指的是能够为各种工作的相对价值的比较提供依据的工作特性。常见的报酬因素包括技能、责任、工作条件和努力程度等。一般在工作评价委员会确定报酬因素时，会根据工作的重要性来选择报酬因素。根据情况需要，所选择的报酬因素可能只有一个，也可能包含很多个。第三步，为各种报酬因素建立结构化量表，来反映各个等级之间的程度差异。在这一过程中，评价委员会要把每种报酬因素在工作中的重要性分为若干等级，按照每种等级差异的大小分别赋予一个相应的点数。在各种等级中，应该给出工作岗位的若干例子，以此作为标尺性工作。

为了使设计出来的量表具有合理的结构，评价委员会首先需要为各种报酬因素的重要性赋予一个权重，报酬因素的权重是与这种因素在工作中的重要性相一致的。假定工作评价委员会决定使用技能、努力、责任和工作条件四种报酬因素，然后决定他们要使用的总点数，如1000，再根据各种补偿的相对重要性确定分配这些点数。假设技能的权重被确定为20%，那么将有总共200点分配给技能。如果技能被划分为10个等级，每提高一个等级点数增加20点，那么，一项需要掌握最低等级技能的工作在技能方面就应该得到20点，而一项需要掌握次低等级技能的工作在技能方面就应该得到40点。以此类推，如果一个工作需要最高等级的技能，那么它在技能方面就应该得到200点。按照类似的方法，我们可以对努力程度、责任和工作条件进行同样的处理。在设计结构化量表的过程中，每种报酬因素划分的各个相邻级别之间的差距最好相等。

当我们针对各项工作把它的各种报酬因素的分数加总就是这项工作的总分。当公司中所有的工作岗位的总分都被计算出来以后，这个公司的薪酬结构也就被建立起来了。虽然每种工作的点数可能都不相同，但是组织出于方便管理的考虑，经常会将某一个点数范围内的所有工作确定为一个工作级别。在一个组织中，如果不同工作系列的报酬因素有差别，或者各个工作系列之间相同的报酬因素的差别程度不同，那么就需要为不同的工作系列设计出不同的报酬因素点数的结构化量表。不难发现，点数法的设计比较复杂，但是一旦设计出来，其应用是十分方便的。

第三节　员工福利管理的分析

一、奖金与福利

（一）奖金

奖金是对超额劳动所支付的报酬，是企业薪酬体系的重要组成部分。奖金是根据按劳分配原则对员工工资的补充，是员工报酬收入的重要组成部分。

1.奖金的作用

一般来说，奖金可以起到三个方面的作用。

（1）激励作用。奖金能增加员工收入，体现组织对员工工作结果的认可，因而对员工有激励作用，使员工能够更好地发挥积极性、主动性和创造性。

（2）提高效率。由于奖金计划主要用来考查员工的工作结果及其对组织的贡献，因此，有效的奖励机制能促使员工提高工作效率，改善绩效水平。

（3）稳定人才。合理的奖励机制有助于组织留住优秀人才。当员工的付出与其收入相一致时，员工就会有成就感，就会增加对组织的忠诚度。

2.奖金的表现形式

对于不同类型的组织人员有不同的奖金激励方式，大致可以分为三种类型。

（1）针对不同个人的奖励。个人奖励计划是用来奖励达到与工作相关的绩效标准的员工，常见的有计件制、管理激励计划、行为鼓励计划、推荐计划。针对不同类型的组织成员，这里重点阐述三种类型：①针对管理人员的激励计划，主要分为短期激励和长期激励两种。短期激励是对管理人员完成短期（通常是年度）目标的奖励。长期激励是奖励为组织长期绩效做出贡献的管理人员，长期激励计划可以弥补短期激励计划带来的短期利益行为，使管理人员更注重组织的长期发展。②针对销售人员实施的激励计划，常见的主要有佣金制、基本工资加佣金制、基本工资加奖金制、基本工资加津贴制、基本工资加红利制。③针对专业技术人员的激励计划，一般专业技术人员的报酬比较高，而且其成就需要较为强烈，因此，对专业技术人员除了用奖金支付、利润分享以及企业股票认购等计划进行激励外，还应该为其创造良好的工作条件和提供多种学习和培训机会。

（2）针对集体的奖励。当组织中部分工作性质相互依赖，并且员工个人的贡献很难考核时，最适合使用针对集体的奖励计划，这种集体可以是项目组、生产班组、管理团队、部门等。在集体奖励计划中，组织在集体达成事先设定的绩效标准之后，才给集体内的每个员工发放奖金。集体内员工不再只是服从主管的命令，他们必须为实现集体的目标而制订计划。常用的分配方式有三种：①集体成员平均分配奖金；②根据个人绩效来分配奖金；③按薪酬比例区别奖励。

（3）公司整体计划。全公司奖励计划是在公司超过最低绩效标准时，给员工发放奖金。在组织中，公司整体计划可以将组织的生产率、成本节约或利润率作为基础。公司的整体计划有多种形式，我们仅以分红制、员工股权计划和斯坎伦计划为例。

分红制。分红制是将公司利润按事先规定的百分比分配给员工的一种报酬计划。分红计划有多种衍生形式，当前计划、延期计划和联合计划是其三种基本形式：①当前计划是利润一经确定即以现金或股票方式向员工支付。②延期计划是将公司的待分配资金存入一家不可撤销的信托公司，记在员工个人账户上。③联合计划是允许员工现期得到根据公司利润应得的一部分报酬，而另一部分报酬延期支付。

员工股权计划。员工股权计划是指公司给予员工购买股票的权利。公司股票代表公司的所有财产价值。公司股份是把股本划分为价值相等的份额。股权是员工购买公司股票的权利。员工只有在行使其股权之后才真正拥有股票。员工行使股权是在公司确定的一段时间之后，按指定价格购买股票。员工股权作为一种促进生产力的激励手段，是希望员工集体生产力的提高能最终增加公司股票的价值。

斯坎伦计划。斯坎伦计划是一种把员工和公司业绩紧密连在一起的利益分享计划。一般指许多或所有员工共同努力以达到公司生产率目标的奖励计划。它是一种成功的集体奖励方法，在小企业中尤为有效。员工因为他们所提的建议节省了劳动成本而受到经济奖励。这种计划与其他利益分享计划的不同之处在于强调员工的权利。

（二）员工福利

1.职工福利的重要性

福利对组织的发展具有许多重要意义。

（1）吸引优秀员工。优秀员工是组织发展的顶梁柱。以前一直认为，组织主要靠高工资来吸引优秀员工，现在许多企业家认识到，良好的福利有时比高工资更能吸引优秀员工。

（2）提高员工的士气。良好的福利使员工无后顾之忧，使员工有与组织共荣辱之感，士气必然会高涨。

（3）降低员工辞职率。员工过高的辞职率必然会使组织的工作受到一定损失，而良好的福利会使很多可能流动的员工打消辞职的念头。

（4）激励员工。良好的福利会使员工产生由衷的工作满意感，进而激发员工自觉为组织目标而奋斗的动力。

（5）凝聚员工。组织的凝聚力由许多因素组成，但良好的福利无疑是一个重要因素，因为良好的福利体现了组织的高层管理者以人为本的经营思想。

（6）提高企业经济效益。良好的福利一方面可以使员工得到更多的实惠，另一方面用在员工身上的投资会产生更多的回报。

2.员工福利的概念与范围

对员工福利的界定，有不同的角度。

（1）广义福利与狭义福利。

广义的福利泛指在支付工资、奖金之外的所有待遇，包括社会保险在内。狭义的福利是指企业根据劳动者的劳动在工资、奖金，以及社会保险之外的其他待遇。

（2）法定福利与补充福利。

法定福利亦称基本福利，是指按照国家法律法规和政策规定必须发放的福利项目，其特点是只要企业建立并存在，就有义务、有责任且必须按照国家统一规定的福利项目和支付标准支付，不受企业所有制性质、经济效益和支付能力的影响。法定福利包括：①社会保险。包括生育保险、养老保险、医疗保险、工伤保险、失业保险以及疾病、伤残、遗属三种津贴。②法定节假日。根据2024年11月修订的《全国年节及纪念日放假办法》，自2025年1月1日起，全体公民放假的假日增加2天，其中春节、劳动节各增加1天，全年法定节假日为13天。③特殊情况下的工资支付。是指除属于社会保险，如病假工资或疾病救济费（疾病津贴）、产假工资（生育津贴）之外的特殊情况下的工资支付。如婚丧假工资、探亲假工资。④工资性津贴，包括上下班交通费补贴、洗理费、书报费等。⑤工资总额外补贴项目：冬季取暖补贴。

补充福利是指在国家法定的基本福利之外，由企业自定的福利项目。企业补充福利项目的多少、标准的高低，在很大程度上受到企业经济效益和支付能力的影响以及企业出于自身某种目的的考虑。

补充福利的项目五花八门，可以见到的有：交通补贴、房租补助、免费住房、工作午餐、女工卫生费、通信补助、互助会、职工生活困难补助、财产保险、人寿保险、法律顾问、心理咨询、贷款担保、内部优惠商品、搬家补助、子女医疗费补助等。

（3）集体福利与个人福利。

集体福利主要是指全部职工可以享受的公共福利设施。例如，职工集体生活设施，如职工食堂、托儿所、幼儿园等；集体文化体育设施，如图书馆、阅览室、健身室、浴池、体育场（馆）；医疗设施，如医院、医疗室等。

个人福利是指在个人具备国家及所在企业规定的条件时可以享受的福利。如探亲假、冬季取暖补贴、子女医疗补助、生活困难补助、房租补贴等。

（4）经济性福利与非经济性福利。

经济性福利。住房性福利：以成本价向员工出售住房，房租补贴等。交通性福利：为员工免费购买公共汽车月票或地铁月票，用班车接送员工上下班。饮食性福利：免费供应午餐、慰问性的水果等。教育培训性福利：员工的脱产进修、短期培训等。医疗保健性福利：免费为员工例行体检，或者打预防针等。有薪节假：节日、假日以及事假、探亲假、带薪休假等。文化旅游性福利：为员工过生日而举办的活动，集体的旅游，体育设施的购置。金融性福利：为员工购买住房提供的低息贷款。其他生活性福利：直接提供的工作服。企业补充保险与商业保险：补充保险包括补充养老保险、补充医疗保险等；商业保险有安全与健康保险，包括人寿保险、意外死亡与肢体残伤保险、医疗保险、病假职业病疗养、特殊工作津贴等；养老保险金计划；家庭财产保险等。

非经济性福利。企业提供的非经济性福利，基本的目的在于全面改善员工的"工作生活质量"。这类福利形式包括：咨询性服务：比如免费提供法律咨询和员工心理健康咨询等。保护性服务：平等就业权利保护（反性别、年龄歧视等）、隐私权保护等。工作环境保护：比如实行弹性工作制度，缩短工作时间，员工参与民主化管理等。

二、社会保障对员工福利的重要性

第一，保障员工权益和生活质量。社会保障是一种国家机构为公众提供基本生活保障的制度。它通过行政和法律手段确保员工享有合理薪资待遇、健康医疗、养老金等权益，并帮助他们应对一些突发意外或疾病等风险。这些社会保障措施旨在提高员工的生活质量和安全感，使得他们可以更好地为社会和企业做出贡献。

第二，减少企业风险和责任。通过建立健全的社会保障制度，企业可以将一部分风险和责任转移给国家。例如，在员工发生意外伤害或患病时，由社会保障体系承担部分治疗费用和丧失工资，减轻了企业的经济压力。这对于一些中小型企业特别重要，能够帮助他们节约成本、提升竞争力。

第三，提高员工安全感和稳定性。良好的社会保障系统可以增强员工的安全感和稳定性。当员工知道自己在遭遇困境时有一个保底的支持网，他们更愿意稳定地留在一家公司，并投入更多心思来提高绩效。这样能够有效地提高组织内部的稳定性，减少人才流失。

三、员工福利与社会保障的加强途径

第一，建立完善的福利政策。企业应该根据员工需求和实际情况建立起完善的福利政策。这些政策应该包括薪酬福利、健康保险、培训发展等方面，能够满足员工的不同需求。同时，企业也需要根据自身经济能力和市场竞争环境来确定具体福利措施的范围和标准。

第二，加强企业与社会保障机构的合作。企业应该积极与社会保障机构进行合作，充分了解与利用相关政策和制度。通过与社会保障机构建立良好的沟通渠道，企业可以及时了解最新的法规和政策变化，并及时采取相应措施适应新情况。

第三，不断提升员工教育意识。企业可以通过加强员工培训和教育来提升其对福利与社会保障问题的认知水平。例如，组织专题讲座或参观交流活动，邀请专家为员工进行相关知识普及，从而增强员工自我保护意识，在日常工作和生活中主动关注自身权益。

第六章 人力资源管理信息系统开发与技术创新

第一节 人力资源管理信息系统的开发

企业人力资源管理信息化建设的工作主要包括人力资源管理信息系统的选择、人力资源管理信息系统的测试、人力资源管理信息系统的维护和管理、人力资源管理信息系统的评价等。

一、人力资源管理信息系统的选择

企业规模的壮大、业务的扩展等使得企业管理者越来越感觉到需要一个强大的人力资源管理信息系统，用以加快信息交流与分析，实现降低成本、强化资金管理、财务管理以及人力资源管理等企业核心目标。选择人力资源管理信息系统是企业人力资源管理信息化建设的首要任务。

（一）选择的策略

通常，企业建立自己的人力资源管理信息系统有三种选择：一是自行开发；二是外购；三是联合开发。

1. 自行开发

自行开发是指企业利用自身的技术人员，根据需要进行的独立开发设计信息系统的方法，它适用于技术队伍较强的企业。自行开发的优点是开发费用少，开发的系统能够满足企业自身的需求，便于维护。由企业自身的技术人员组成的队伍开发的系统更有利于业务流程优化与重组，其所开发的系统也更具针对性。但自行开发的缺点也十分明显：非专业的队伍受其业务工作限制所开发的系统优化不够，水平较低，并且由于开发人员是临时从所属部门抽调出来的，精力有限，容易造成系统开发时间长，后期维护工作没保障。因此，自行开发人力资源管理信息系统时，企业高层管理者的领导和监督便显得尤为重要。另外，开发时聘请专业系统开发人士为咨询顾问，可以促进自行开发系统质量的提升。

2. 外购

外购是指购买专业开发商开发的产品。购买国外的人力资源管理信息系统还是国内公司开发的软件，通常是企业面临的比较纠结的选择。先进的管理思想和开发技术使得国外软件公司开发的软件系统集成性高、技术稳定性强、功能更具灵活性，后期维护的服务也比较及时。但是，昂贵的购置费用和后期维护费用会给企业造成比较大的财务负担，而且，如果所选用的软件不能匹配企业的管理水平又会给企业造成巨大的浪费。最重要的一点是，所选购的国外软件企业开发的人力资源管理信息系统存在二次开发的工作，"洋为中用"是否能符合中国的国情和中国企业的特点，这些都是企业在外购人力资源管理信息系统时所要考虑的事情。相比而言，购买国内软件的费用要低很多，后期维护也更加方便，不存在二次开发的工作，也可相对地减少企业的后续工作量。但这并不代表国内的软件就没有缺陷，软件功能的集成性、稳定性、服务意识等都是购买软件的企业需要衡量的要素。

3. 联合开发

联合开发是指企业与外部专业开发软件提供者进行合作，共同开发人力资源管理信息系统的方式。联合开发适用于有一定的信息技术人员，但对人力资源管理信息系统的开发规律不是很熟悉，或者在系统整体优化方面能力较弱的企业。这种方式的优点是节约资金，借助联合开发可以培养自己的技术人员、增强企业自身的技术力量，同时便于后期维护。需要注意的是，双方的合作至关重要，只有合作建立在互信互利的基础上才能够达到双赢，联合开发的策略还是比较受企业欢迎的。

（二）选择的内容

不同的企业在选择人力资源管理信息系统时，会对人力资源管理信息系统的内容有不同的侧重。一般来说，企业大都会从系统功能、供应商的实力和产品价格等方面来进行选择。

1. 系统功能

（1）核心功能。人力资源管理信息系统的核心功能包括招聘信息筛选、人事基本信息管理、档案合同管理、考勤管理、薪资福利管理等。招聘信息筛选功能是指简历的自动匹配、系统筛选简历和设定面试时间等。人事基本信息管理功能是指人力资源管理信息系统能够进行人力资源基本信息汇总，从而成为处理和分析人力资源信息的最佳平台，具有管理便捷、灵活查询的特点。档案合同管理功能是指高效率地管理繁复的档案资料和相关管理运作，从而完全实现无纸化系统自动提示相关操作。考勤管理功能是指系统能够自由定义考勤班次，与考勤机无线连接，自动汇总考勤信息。薪资福利管理功能是指人力资源管理信息系统能够自动设定薪资公式，自动定义薪资福利管理，自动生成每月工资信息。

（2）分析功能。这是指人力资源管理信息系统为用户提供了全自动的数据统计分析功能，可以浏览或输出用户需要的任何数据统计、分析及查询的报表和各种直观图形，帮助用户对各项人力资源的关键绩效指标进行分析和监控。其包括灵活设定各种分析参数的信息过滤器、条件查询、基于岗位说明的岗位结构分析、人员结构分析、人力成本分析、支出收益分析、成本变化曲线、领导综合查询分析、规范报表分析等。

（3）战略功能。这是指人力资源管理信息系统结合先进的人力资源管理理念，帮助用户进行各项人力资源管理战略决策，包括建立在各种分析结果上的根据企业总体战略框架对人力资源进行使用、管理、控制、监测、维护和开发，借以创造协同价值，达成企业战略目标的方法体系，包括战略性人力资源管理理念、战略性组织管理体系、战略性工作管理体系、战略性人力资源配置体系、战略性薪酬管理体系、战略性绩效管理体系、战略性培训教育体系以及战略性人才培养体系等。

2. 供应商的实力

企业在选择人力资源管理信息系统时，要充分考虑供应商的实力，要选择一个切实可行的人力资源管理信息系统。供应商的实力是关键的一大要素，要充分考虑供应商的经营状况、研发能力、行内信誉、服务能力等，尽可能选择一个值得信赖的供应商。

3.产品价格

即从成本的角度考虑企业的承受能力，尽量选择质高价优的产品。购买价格只是其中的一部分，系统运行和维护费用也不可小觑。

二、人力资源管理信息系统的测试

人力资源管理信息系统的测试是保证其质量的关键，是对整个人力资源管理信息系统开发过程的最终审查。如果系统存在的问题不能在测试阶段解决，等到系统使用过程中发现的话，不但解决问题的难度更高，付出的代价也会更大，甚至会给企业带来不可挽回的后果。

（一）测试的目的

人力资源管理信息系统测试的目的，是努力发现系统运行中可能会出现的问题，并加以解决。测试时要精心选取那些易于发生错误的测试数据，测试的目的就是要发现系统在运行的过程中会不会出现以下所述问题或一些新的问题，同时在解决问题的过程中不断总结经验教训，防范系统在以后的使用中发生类似的错误。这些问题包括：

（1）功能性错误：由于处理功能说明不够完整或不够确切，导致编程时对功能误解而产生的错误。

（2）系统性错误：指与外部接口错误、子程序调用错误和参数使用错误等。

（3）过程性错误：主要是指算数运算错误、逻辑运算错误等。

（4）数据性错误：指数据结构、实体、属性错误，动态数据与静态数据混淆，参数与控制数据混淆。

（5）编程性错误：指语法错误、程序逻辑错误、编程书写错误等。

（二）测试的内容

人力资源管理信息系统的测试应根据以下几个指标来进行。

1.完整性与集成性

企业选择好人力资源管理信息系统后，应对其完整性和集成性进行检测。

其完整性是指人力资源管理信息系统是否全面涵盖了人力资源管理的所有业务功能，并且每个业务功能是否都是基于完整、标准的业务流程而设计的。其集成性是指人力资源管理系统能否将其所含的功能模块进行拆分使用，同时又可以将拆分后的功能模块集成一个完整的系统。人力资源管理信息系统是用户日常工作的信息化管理平台，它对员工数据的输入工作应该只需进行一次，而其他模块则可共享，这样可以减少大量的重复录入工作。

2. 易用性与灵活性

检测人力资源管理信息系统的易用性是要看人力资源管理信息系统的界面是否友好简洁，是否能直观体现人力资源管理的主要内容。一个易用的人力资源管理信息系统应采用导航器界面，引导用户按照优化的人力资源管理流程进行每一步操作。同时，人力资源管理信息系统界面应设有弹出式对话框，在一个界面中就能显示所有相关信息，并通过操作实现所有功能。同时，人力资源管理信息系统还应具有灵活性，也就是企业可以方便地根据用户需求进行客户化功能改造，更改界面数据项的显示；若企业需要查询时，也可以灵活地设置任意条件组进行组合查询并能支持中英文实时动态切换。

3. 网络功能与自助服务

企业还应对人力资源管理信息系统的网络功能及自助服务进行检测。一个好的人力资源管理信息系统应能提供异地、多级、分层的数据管理功能；日常管理应不受地理位置限制，可以在任何联网计算机上经身份验证后进行操作；允许员工在线查看企业规章制度、组织结构、重要人员信息、内部招聘信息、个人薪资情况、个人福利情况、个人考勤休假情况，进行内部培训课程的注册，提交请假和休假申请；在线对员工进行绩效管理；等等。

4. 开放性

企业在测试人力资源管理信息系统时，还应检测其开放性。好的人力资源管理信息系统应提供功能强大的数据接口，轻松实现各种数据的导入导出以及与外部系统的无缝衔接，使员工方便地引入各类 Office 文档，并存储到数据库中。这既规范了人力资源文档的管理，又增加了文档的安全性。

5. 智能化

企业在检测人力资源管理信息系统时，还应检测其是否具有智能化的功能。人力资源管理信息系统的智能化是指系统具有自动收发邮件功能和提醒功能。用户可以直接通过 E-mail 发送信息给相关人员，例如给被录用人员发录用通知、给员工提供加密工资单等，这样就极大地降低了行政事务工作的强度，提高了工作效率。同时，人力资源管理信息系统还应设置大量的提醒功能，以使用户定时操作与自身相关的内容，如员工合同到期、员工生日等，从而使得人力资源管理变被动为主动，有效地提高员工对人力资源工作的满意度。

6. 系统安全

在众多测试指标中，系统安全应该算是一个最重要的指标。企业在选择人力资源管理信息系统后，对系统安全的检测应是一个必不可少的步骤。一个完整的人力资源管理系统应对数据库进行加密，有严格的权限管理，并设定用户对系统不同模块、子模块乃至数据项的不同级别操作权限，最后还应建立日志文件，跟踪记录用户对系统每一次操作的详细情况，建立数据定期备份机制并提供数据灾难恢复功能。

三、人力资源管理信息系统的维护与管理

（一）人力资源管理信息系统的维护

人力资源管理信息系统的维护是指系统开发完成交付使用后，为了保证系统正常运行和改正错误或满足新的需要而修改和维护系统的过程。企业经营管理水平的提高、外部经济环境的变化以及处理业务量的增减变动等，都要求人力资源管理信息系统的优化和完善。系统维护工作要始终贯穿系统的整个生命周期，其工作量达到生命周期各部分工作量的60%以上。人力资源管理信息系统的维护涉及各个方面，包括软件维护、硬件维护、数据文件维护与代码维护。

1. 软件维护

人力资源管理信息系统是系统维护中最重要的，也是工作量最大的一项维护工作。软件维护是指软件在交付使用后，为了保证软件正常使用和满足新的需要

而对软件进行的修改活动。一般来说，对商品化的人力资源管理信息系统应由软件销售和研发部门负责；对自主研发的软件要求系统维护人员首先查阅有关的设计资料和程序流程图，并仔细核对有关源程序，分析确定问题所在之后，再采用生命周期法动手修改。

2. 硬件维护

硬件维护是指为了保证所有计算机系统处于良好的运行状态，对计算机及其附属设备所进行的保养、检修和修复工作。硬件设备的维护应有专职的硬件人员承担，维护包括定期的预防性维护与突发性的故障维修。

3. 数据文件维护

人力资源管理信息系统投入运行后对数据文件不断地进行评价、调整和修改。数据文件的维护不仅是要维护其正常活动，而且要使数据文件的设计工作得以持续和提高。数据文件维护的主要工作包括数据库安全性控制、数据库文件的正确性保护、数据库文件的转储和恢复、数据库的重组织和重构造等。

4. 代码维护

代码维护是指对业务中使用的代码和程序处理中所用的代码进行增、删和更改。由于业务范围扩大，供应商不断增多，其相应的代码也应增加；或由于业务数据代码满足不了当前的需要或业务数据代码不完善时，就要修改和建立新的代码系统。

（二）人力资源管理信息系统的管理

如果说人力资源管理信息系统的开发阶段要求经济、按时按质地开发好系统的话，那么运行管理的目的就是使人力资源管理信息系统在一个预期的时间内能正常地发挥其应有的作用，产生其应有的效益。人力资源管理信息系统的运行管理就是围绕这一目的展开的，一般包括日常运行的管理、系统文档规范管理和系统的安全与保密管理三方面的内容。

四、人力资源管理信息系统的评价

系统评价的目的是通过对系统运行过程和绩效的审查，来检查系统是否达到了预期的目标，是否充分利用了系统内各种计算机资源和信息资源，系统的管理工作是否完善，并提出今后系统改进和扩展的方向。

（一）评价的指标体系

有效的人力资源管理信息系统绩效评价体系应该能够服务于企业的信息化管理，能够帮助企业对人力资源管理信息系统进行合理的战略定位，并在人力资源管理信息系统项目的立项、可行性研究、招投标、系统规划、技术方案、项目验收等阶段给出有力的决策依据。评价指标体系的设计应注意以下几个方面。

1. 以实现企业绩效为目标

尽管许多研究者将人力资源管理信息系统绩效管理作为一个主要的管理问题，将人力资源管理信息系统的业务价值作为一个重要的评价要素，然而，实施过程中缺少业务目标的指导已经成为一个非常严重的问题。一方面，人力资源管理信息系统项目发起时，企业高层管理者通常都从提高竞争优势、改善客户服务、提高管理有效性等目标出发，提出人力资源管理信息系统项目的业务目标，这些业务目标很快就被转化成为有限的财务目标，接着转化为技术目标。因此，后续的绩效评价也就更关注投资的统计数据和技术的功能实现，而系统投资对业务的收益却被忽略了。另一方面，从评价主体角度来说，所有参与交付人力资源管理信息系统收益的人员都要参与到评价和决策中。由股东参与而形成的人力资源管理信息系统目标主要是满足业务需要的变化，而不是财务投资与项目管理的结果。因此，由业务目标驱动的人力资源管理信息系统绩效评价需要有高层管理人员和操作管理者的参与。

2. 以关注系统多方面平衡发展为导向

传统的评价侧重于财务方面的评价，通常采用投资回收期、投资收益率、净现值等方法衡量人力资源管理信息系统应用的效果。这种评价最大的弊端在于忽视了人力资源管理信息系统的无形收益。另外，财务指标是结果型指标，单纯使用结果型指标来评价整个系统也过于片面。由于单纯评价财务无法反映其真实性，因此需要考虑到财务与非财务之间的平衡。平衡计分卡这一工具可以帮助企业进行绩效考核，在人力资源管理信息系统的绩效评价中，企业可以借鉴平衡计分卡综合平衡的思路，并根据人力资源管理信息系统本身的特点，构建平衡计分卡的四个平衡面（财务指标、流程指标、顾客指标和学习指标）的指标体系。

3.以全生命周期过程控制为范围

根据系统开发生命周期，评价被划分为事前评价、事中评价、事后评价三个阶段。大多数的企业会使用事后评价作为反馈机制来改善人力资源管理信息系统，但是评价应是多阶段的活动，应该贯穿于人力资源管理信息系统项目开发与运行的整个过程。规划阶段是否适度、开发质量是否能够保证，人力资源管理信息系统建成后是否达到预期目标，这些均会对业务绩效产生十分关键的影响。

4.以持续动态性评价为手段

人力资源管理信息系统的绩效评价是一个复杂过程，评价的环境、内容和过程之间的相互交错是多方面的。此外，人力资源管理信息系统的不确定性导致评价需要考虑环境变更的动态性，有些学者提出可采用权变模型来理解人力资源管理信息系统在特殊环境中的作用与影响。

（二）评价的内容

人力资源管理信息系统的评价内容可以从技术和经济两个方面来考量。

1.技术上的评价

（1）信息系统的总体水平：包括系统的总体结构、地域与网络的规模、所采用技术的先进性等。

（2）系统功能的范围与层次：如功能的多少与难易程度或对应管理层次的高低等。

（3）信息资源开发与利用的范围与深度：如企业内部与外部信息的比例、外部信息的利用率等。

（4）系统的质量：包括系统的可使用性、正确性、可扩展性、可维护性以及通用性等。

（5）系统的安全与保密性。

（6）系统文档的完备性。

2. 经济上的评价

评价一个人力资源管理信息系统给企业带来的经济效益不能单看其表面上的效益，还应看其给企业长远发展带来的隐性作用。经济上的评价内容应包括直接与间接两个方面。

（1）直接评价：直接评价的内容包括系统的投资额、运行费用、系统运行所带来的新增效益、投资回收期等。

（2）间接评价：间接评价的内容有对企业形象的改观、员工素质的提高所起的长期作用、对企业的体制与组织机构的改革及管理流程的优化所起的作用、对企业各部门和人员之间加强合作精神所起的作用等。

最后，需要特别指出的是，在评价中要避免偏重计算机信息的倾向。计算机、通信网络等固然重要，但它们毕竟只是工具。人力资源管理信息系统好坏的评价依据，主要是人力资源信息开发与利用的深度以及对企业生存与发展所起的作用。

第二节 基于"云计算"的可配置人力资源管理

近年来，互联网科学技术在我国呈现非常迅猛的发展速度，在信息化时代的推动下，"云计算"技术由此诞生。我国社会主义市场经济体制发生了一定的变动，使得越来越多的企业，为了提高自身的竞争力，不断地采取各种新型的方式来提高自身的经营管理能力。目前，"云计算"被应用在企业的人力资源管理当中，给市场中的各个企业带来了很大的便利。在"云计算"技术的应用下，企业人力资源管理的水平逐渐上升，给企业的发展奠定了一定的基础。

一、"云计算"可配置人力资源管理系统的功能模块

在"云计算"技术的应用下，可配置人力资源管理系统，分别有不同的功能模块，每个模块都发挥着各自的功效。人力资源管理系统的功能模块，主要包括以下几个部分。

培训管理。在培训管理中，主要对企业的员工进行专业技能培训，包括岗前培训、在职培训和考取证书的培训等等。这些培训通过"云计算"技术，能够对每个员工的培训时间、培训方式、培训费用和地点，等等，建立不同的培训档

案，并且加以保存。

员工信息管理。在"云计算"技术的应用下，企业能够借助计算机技术，更加有效地对企业中的所有员工进行更好的管理，这一模块为员工信息管理。在员工信息管理当中，企业的管理人员可以进行人员查找，员工信息内容记录得比较详细，包括员工的姓名、出生日期、家庭住址、毕业院校以及工作经历，等等，"云计算"技术能够帮助企业提高人员管理的效率。

人员考勤管理。这一模块中，对员工在日常工作当中的考勤以及加班信息，都有非常明确的记录。人员考勤管理，可以从另一方面来提高员工对待工作的热情，对企业的发展有着很大的帮助。

员工档案管理。和传统的档案管理比起来，"云计算"技术下的员工档案管理，能够更加明确地为企业提供便利，方便企业对入职员工和离职员工进行系统性的管理，使企业对以往的员工有更加清晰的了解。

绩效评估管理。在"云计算"当中创建的人力资源管理系统中，可以对所有的员工进行绩效考核评估，根据企业的绩效考核管理制度来建立不同员工的绩效考核表，使企业能够更加明了地对员工的绩效进行管理。

合同管理。在合同管理的模块当中，企业可以对所有员工的合同信息进行修改和查询，提高企业的工作效率，也便于为企业进行合同的保存提供一定的依据。主要由相关负责人员，将员工合同信息中的主要内容进行录入，方便后期查询。

员工薪资福利的管理。对员工进行薪资福利管理，是企业的核心管理内容。企业可以通过"云计算"技术对员工的不同薪资类型进行统一管理，还能够方便地对薪资内容进行查询修改，等等。

系统管理。在这一模块当中，主要是对人力资源管理中的所有员工进行管理，如添加、删除、修改、查询等功能，都可以实现。同时，在该系统中，还必须及时地对各种数据进行备份，为数据提供一定的安全保障，以免出现意外使数据丢失。

二、基于"云计算"的可配置人力资源管理新模式

人力资源管理是企业管理的核心内容，在企业规模的不断扩展下，会形成更加庞大复杂的人力资源数据信息。这些数据来源不但种类繁多，而且数据量非常大。

这种现象，给企业的人力资源管理带来了一定的管理难度。想要加强企业在人力资源管理方面的措施，必须采取"云计算"技术来创建企业人力资源的系统管理。结合"云计算"技术，对企业人力资源中的各种庞大的数据类型进行更加科学规范的管理，从而提高企业人力资源管理的效率，为企业的发展做好充分的准备。

可配置人力资源管理在"云计算"下的数据采集。随着社会经济的飞速发展，企业的规模也在不断地扩大，而且，企业在人力资源管理中，会形成更多复杂且种类丰富繁多的数据信息。在这种情况下，企业想要对庞大且丰富的人力资源系统中产生的各项数据进行计算，就必须采用"云计算"技术。在"云计算"技术的应用下，企业要对人力资源管理中的招聘、营销以及生产等相关的数据进行采集。再结合专业的技术，对这些不同类型的数据，结合数据之间的密切联系和逻辑关系进行转换，就能够得到更为精确的数据信息。

"云计算"下的可配置人力资源决策管理。在"云计算"技术的应用当中，人力资源管理信息系统中最重要的决策功能，可以把该系统中的各项数据，进行专业的分析和加工，从而进行计算，得出企业决策者需要的各种图表数据。在此基础上，能够更加直观地为企业进行某些重大的决策，提供一定的科学依据，继而推动企业人力资源整体管理水平的上升，使企业在做各种决策的同时，能够具备一定的规范性和准确性。"云计算"技术为企业的可持续发展以及企业在市场上的竞争力，做好了充分的数据准备。企业的决策者，可以更好地使用"云计算"技术，对人力资源管理中的各种复杂数据信息进行分析，来判断企业在未来的发展方向，从而就企业的实际发展状况，来采取科学合理的措施，加强对人力资源的管理力度，推动企业在市场经济中的发展。

综上所述，互联网科学技术的不断发展，给社会主义市场经济带来了各种新的挑战和机遇，企业想要在信息时代中更好地成长，就必须结合各种新型的科学技术，来加强自身的管理措施，提高企业的核心竞争力，稳固企业在社会主义经济市场上的发展地位。对于企业的发展来说，人力资源管理是企业的核心管理内容，因此，企业可以借助"云计算"技术的应用，来创建人力资源管理系统，对企业人力资源管理产生的各种丰富的数据类型，进行有效的分析和计算。同时，在"云计算"技术下，可以提高企业对各种数据类型应用的准确性，为企业做各种重要的决策提供一定的科学依据，促进企业人力资源管理能力的提升，从而满足企业生产经营的需求，为企业的可持续发展做出巨大的贡献。

第三节 基于大数据的人力资源管理信息化建设

在当前大数据的时代背景下，数据对社会的影响力逐渐增强，大数据的广泛应用也在很大程度上改变了企业的经营管理模式。借助大数据技术，企业管理者能够从海量信息中挖掘分析有益信息，并能借此对公司的管理模式进行优化。大数据的强势介入有利于完善企业的人力资源管理模式，充分开发企业内部人力资源，这对于企业来说既是机遇又是挑战，如何抓住大数据发展的时代机遇，能否充分应用信息化手段和技术，发挥大数据的作用与优势，这也是关系到企业能否实现持续稳定高效发展的重要因素。

一、大数据时代对人力资源管理的影响

大数据时代对于企业人力资源管理的影响表现在以下方面。

第一，对人力资源管理方式的影响。人力资源是企业经营管理中的核心资源，当前进入大数据时代，企业在人力资源管理方面也必须进行更新优化。建立科学合理的人力资源管理平台，能够有效连接起企业内部各部门、各岗位，有利于提高企业人力资源管理效率，也能更好地实现人力资源的优化配置，有利于提高企业内部员工的工作积极性、主动性。

第二，对企业管理模式的影响。大数据技术的广泛应用，能够使企业内部分散的信息被高度汇集起来，有利于优化公司内部的工作业务流程，也能为企业内部领导提供丰富的数据支持，进而有利于实现科学决策。并且，在信息化建设过程中能够提升工作效率，有利于降低工作成本。在大数据技术的支持下，信息化操作搭建起来的工作平台更具公开性、公正性、公平性，有利于更充分地激发员工的工作积极性和提高对企业的信任感、满意度。

第三，对企业发展的影响。信息技术的广泛应用，不仅对企业管理和日常经营产生影响，也会对社会上的其他技术造成影响。在大数据技术的支持下，企业能够快速捕捉市场需求变化情况，有效识别市场需要，进而使企业紧跟市场发展步伐。借助最新的信息技术和科学手段，能够帮助企业准确把握市场动态，有利于促进企业的可持续发展。

二、大数据时代企业人力资源管理信息化建设思路

在企业开展人力资源管理信息化建设的过程中，需要以互联网为主要渠道，借助先进的人力资源管理理念和软件系统平台，通过信息技术实现对人力资源的优化配置。人力资源信息化也是大数据时代人力资源发展的必然趋势，是提升企业人力资源管理实效的必然手段。

随着大数据技术和移动互联网时代的到来，大数据与企业人力资源管理进一步衔接，推进企业人力资源管理信息化建设已成为必然趋势，这一时期人力资源信息化呈现的特点具体如下。

第一，人力资源管理系统数据的多样化及社交化。在大数据时代，数据的作用被充分放大，数据能够忠实地记录人的各种活动。在企业管理中，人力资源管理系统的应用数据已经突破了自身部门的经营数据，企业中的利润数据、业务数据、经营数据也与人力资源管理数据彼此配合，共同服务于人力资源管理工作，这意味着员工的一些碎片化数据以及企业经营中的各类信息都能被有效整合。这极大地提升了人力资源管理系统的数据多样性，也能提升人力资源管理信息化的应用优势。

第二，人力资源管理系统的"移动化"与安全性。为了更好地挖掘企业内部人员的相关数据，在企业人力资源管理信息化建设中，其数据收集渠道也需要进行拓展，使信息获取更加高效便捷，这意味着在人力资源管理系统方面，需要借助移动终端、传感器等新技术，开展数据搜集，并且伴随着人力资源管理信息化建设的有序推进，管理者与员工之间的信息交流更加频繁且高效。而信息收集过程中如何处理数据的安全与隐私保护等问题，也是未来人力资源管理信息化建设中必须迎接的一大挑战。

第三，人力资源管理系统工具的多样化和"云服务化"。在人力资源管理领域，借助多样的信息分析技术，能够实现对数据的有效整合，而数据整合结果也能服务于人力资源管理，这意味着需要更高效便捷的处理工具，需要借助第三方的数据处理和分析系统，帮助企业实现管理创新。尤其在人力资源管理中的人才招聘、人才测评、人才绩效、人才考核、薪资管理等各垂直应用领域，借助大数据技术强大的分析能力，能够提升人力资源管理的专业化水平。"云计算"技术的应用能够为企业人力资源管理信息化建设提供发展快车。凭借大数据技术与互联网技术的深度融合，能够为更多中小型企业的信息化建设提供支持，这意味着

企业在开展人力资源信息化建设时，会拥有更快捷、更便利的选择。尤其是中小企业，在推进人力资源管理信息化建设中，将不再需要配置大量的设备和采购相应的软件，仅需购买相应的云服务即可，这也为企业人力资源管理的信息化建设提供了技术支持。

三、大数据时代人力资源管理信息化建设的策略

（一）加强对大数据时代的正确认识

对于企业来说，在发展过程中需要充分认识信息化建设的优势，从企业内部的领导人员到基层的员工都要重视信息化建设的价值，要正确认识大数据，结合人力资源管理信息化建设中可能存在的优势与不足，做好充足的心理准备和资源储备。要将挑战转化为推动企业信息化管理的发展动力，领导人员需要对此给予足够的重视，要真正将大数据深入人力资源管理信息化建设的各个环节，并通过责任划分的形式，科学划分企业信息化管理中的各项责任，保障企业组织设计的科学性、合理性，使企业组织设计和人员管理能够有效适应大数据时代的发展要求，真正保障企业信息化建设的规范高效。在这一过程中，企业要有针对性地就大数据相关知识及企业信息化管理的相关内容对员工展开培训，使员工能够充分认识大数据对企业管理的价值，能够真正在日常工作中配合企业管理信息化的建设要求。

（二）制定科学合理的企业信息化管理规划

在企业信息化建设过程中，制定完善健全的管理规划是重要基础，也是关系到企业信息化建设实效的重要因素。企业内部要优化规划设计，完善组织机制，做好充分的市场调查和内部分析。要结合调查结果，配合本企业的经营管理现状，使企业人力资源管理信息化建设与创新更具应用性、针对性，更能适应企业信息化发展要求，帮助企业更快达成管理目标。在企业人力资源管理信息化建设中，要挖掘数据优势，发挥大数据技术强大的搜集、分析、整合能力，提取有用信息，并将其应用于企业的信息化管理规划中。企业内部领导要发挥良好的示范带头作用，确保企业内部数据信息的共建共享，并且要充分保障数据质量。

（三）加大人力资源以及资金的投入

在企业人力资源管理信息化建设与创新过程中，必然需要大量资金设备的投入，需要为其配足相应的资金和人才。首先，企业要结合自身发展诉求，构建科学合理的大数据组织机构，提升企业信息化管理效果。企业在设计数据产品和数据模型的过程中，要以员工诉求、企业诉求、市场诉求为发展方向，保证方向的科学稳定。其次，企业人力资源管理信息化建设必然对从业人员提出了更高的要求，企业内部人力资源管理人员需要深刻理解现代人力资源的管理理念、操作技能，还要具备丰富的 IT 经验和良好的数据素养。对此，企业需要树立高度的人才战略意识，要有意识地吸纳符合企业人力资源管理信息化建设的高素质人才，使其服务于人力资源管理信息化建设，使企业内部员工的职责定位、分工任务得以明确。并且，在日常工作中，要结合员工的绩效考核数据分析结果，把握内部员工发展中的不足与短板，并针对员工需要开展定期的培训教育，切实增强员工的综合素养，使其优势得以发挥，使人力资源达到最大化的使用效益。针对当前大数据时代的现实背景，企业可以组织不同类型的培训讲座活动，增强员工对大数据时代的认识，做好宣传工作，使员工能够积极主动地配合企业内部信息化建设要求，并为员工搭建良好的内部沟通渠道。此外，为了提升人力资源管理信息化建设与创新的实效性，企业可以邀请软件开发公司的技术人员来企业指导演示，切实提高员工的应用能力和信息化素养，增强员工的岗位适应能力。

对于现代企业来说，更要在人力资源管理上做好创新与升级，要认识到人力资源管理工作数字化升级对于增强企业核心竞争力、促进企业健康可持续发展的重要意义。要发挥大数据优势，关注内部工作人员的意识培养和技能培训，要给予内部员工展示才能、发挥才干的平台与机会。并且要构建完善健全、多元的薪酬激励机制，真正结合数据信息，了解员工对薪酬待遇的实际需要，切实提高薪酬对员工的激励效果。

总而言之，大数据时代已经到来，企业想要在大数据时代把握发展机遇，实现可持续发展，需要把握人力资源优势，开发人力资源的价值。在工作中要创新运营管理模式，结合大数据时代的发展要求，不断夯实企业人力资源管理信息化的发展基础，做好管理模式的升级与创新。

参考文献

［1］董临萍，龙丽群.人力资源管理[M].上海：华东理工大学出版社，2014.

［2］方路.企业人力资源管理信息系统设计开发[J].电子技术与软件工程，2017
（15）：51-52.

［3］傅小玻.伤残鉴定中存在的问题及对策[J].法制博览，2020（29）：81-82.

［4］韩佼男.基于云计算平台的人力资源管理系统创新[J].管理观察，2017（29）：
11-14.

［5］韩翔.试论开展失业保险促就业稳就业的措施[J].现代经济信息，2015（17）：
116.

［6］康丽娥.浅谈员工福利管理优化[J].空运商务，2018（10）：32-34.

［7］李琦.企业员工培训与开发管理体系建设研究[J].技术与市场，2020，27
（5）：157-158.

［8］李璇.人力资源绩效管理在企业中的有效运用探索[J].人力资源管理，2014
（6）：86.

［9］李艳侠.优化社保档案管理的创新思路[J].现代企业文化，2022（8）：31-33.

［10］林丹静.浅谈工伤认定的证据证明标准[J].就业与保障，2023（9）：49-51.

［11］刘钧.社会保险基础[M].北京：国家开放大学出版社，2018.

［12］卢驰文.社会保险与社会福利[M].上海：复旦大学出版社，2017.

［13］吕菊芳.人力资源管理[M].武汉：武汉大学出版社，2018.

［14］吕岩.基于云计算的人力资源管理信息平台的研究[J].中小企业管理与科技
（中旬刊），2015（7）：182-183.

［15］若水.积极的失业保险政策助力稳就业工作[J].中国人力资源社会保障，2020
（4）：9-11.

[16]宋岩，彭春凤，臧义升.人力资源管理[M].武汉：华中师范大学出版社，2020.

[17]宋源.人力资源管理[M].上海：上海社会科学院出版社，2017.

[18]宋月行.社会保险与企业人力资源管理交互作用分析[J].现代营销（上旬刊），2024（2）：134-136.

[19]田敏.社保档案数字化服务的实践路径研究[J].兰台内外，2023（9）：48-50.

[20]童文娟.失业保险功能转型与制度健全[J].山东人力资源和社会保障，2021（8）：33-35.

[21]王宾.工伤认定争议的程序空转及解决[J].交大法学，2023（4）：162-176.

[22]王高航.社保档案信息化管理研究[J].兰台世界，2022（12）：87-89.

[23]王怀柏.浅谈我国工伤保险的工伤认定[J].人才资源开发，2016（12）：165.

[24]王乐乐.企业员工培训开发变革研究[J].中国集体经济，2019（10）：125-126.

[25]王楠.浅谈工伤认定中存在的两大问题及其成因[J].老字号品牌营销，2021（5）：83-84.

[26]王心欣.大数据时代背景下企业人力资源管理信息化建设的创新途径研究[J].中国管理信息化，2020，23（20）：58-60.

[27]卫变红.新常态下失业保险促进就业的问题探析[J].现代经济信息，2016（7）：132，134.

[28]吴祖雪.绩效管理的意义及其在企业的作用[J].中国高新技术企业，2014（14）：156-158.

[29]奚源.关于加强企业社会保险管理工作的思考[J].现代经济信息，2020（2）：50-51.

[30]严新龙.工伤认定撤销权探讨[J].合作经济与科技，2023（21）：190-192.

[31]杨静，孙莉.对员工培训开发中常见误区的思考[J].法制与社会，2007（8）：551-552.

[32]杨志.企业员工福利的重要性及其管理方式分析[J].劳动保障世界，2018（15）：6-7.

[33]于满.企业薪酬设计程序和方法[J].中国人力资源开发，2002（12）：29-32.

[34]张海枝.人力资源管理[M].重庆：重庆大学出版社，2014.

[35]张嘉璐.企业社会保险管理存在的问题[J].黑龙江科学，2019，10（3）：122-123.

[36]张茂松.社会保险[M].郑州：河南大学出版社，2014.

[37]张淼，刘一心，华欣然.大数据时代企业人力资源管理信息化建设及创新研究[J].商场现代化，2023（18）：68-70.

[38]张强，张猛，张安琪.基于云计算平台的现代人力资源管理系统[J].微型电脑应用，2022，38（5）：107-110.

[39]钟如艳.基于"云计算"的企业可配置人力资源管理新模式探究[J].人才资源开发，2018（24）：87-88.

[40]朱红梅.社会保险对加强人力资源管理的意义分析与阐述[J].财经界，2016（26）：347-348.

[41]诸葛剑平.人力资源管理（精华版）[M].杭州：浙江工商大学出版社，2020.